Spaanse Smaakexplosies
Een Culinaire Reis door de Zonovergoten Keuken van Spanje

Diego Martínez

INHOUD

RAW EN ZAAD Slakken 21
INHOUD 21
DETAIL 21
BEDRIEGEN 22
ZWANGERSCHAP BROODJES 24
INHOUD 24
DETAIL 24
BEDRIEGEN 24
SNOEPWORTELS MET GEKARAMELISEERDE UIEN 26
INHOUD 26
DETAIL 26
BEDRIEGEN 26
HAMISE COCA MET OLIJVEN EN VERPLETTERDE KOMBER .27
INHOUD 27
DETAIL 27
BEDRIEGEN 28
WORST MET APPELHONING EN NAM TOE 29
INHOUD 29
DETAIL 29
BEDRIEGEN 29
Spek van worst en spek 30
INHOUD 30
DETAIL 30

BEDRIEGEN 30

RODE PADDESTOELEN DIE IN RODE OLIE EN BASILICUM WORDEN GEROOSTERD 33

INHOUD 33

DETAIL 33

BEDRIEGEN 34

ZWARTE PUDDING EN PERENKROKETTEN 35

INHOUD 35

DETAIL 35

BEDRIEGEN 36

kabeljauw kroket 37

INHOUD 37

DETAIL 37

BEDRIEGEN 38

Slakken met tomatensaus 39

INHOUD 39

DETAIL 39

BEDRIEGEN 40

TONIJNVLEESBALLEN 41

INHOUD 41

DETAIL 41

BEDRIEGEN 42

GARNALENKROKET MET KNOFLOOK 44

INHOUD 44

DETAIL 44

BEDRIEGEN 45

MOZZARELLA, KERSEN EN RUGULA PAKKET 46
    INHOUD 46
    DETAIL 46
    BEDRIEGEN 46

GILDAS 47
    INHOUD 47
    DETAIL 47
    BEDRIEGEN 47

ZELFGEMAAKT panadadeeg 49
    INHOUD 49
    DETAIL 49
    BEDRIEGEN 50

KIPKROKETTEN EN GEKOOKTE EIEREN 51
    INHOUD 51
    DETAIL 51
    BEDRIEGEN 52

AKERNOTENKROKETTEN MET BLAUWE KAAS 53
    INHOUD 53
    DETAIL 53
    BEDRIEGEN 54

KIP TOAST GRILL PINNAZE GROENTEN 55
    INHOUD 55
    DETAIL 55
    BEDRIEGEN 56

LANDELIJKE SALADE 58
    INHOUD 58

> DETAIL 58
>
> BEDRIEGEN 59

DUITSE SALADE 60

> INHOUD 60
>
> DETAIL 60
>
> BEDRIEGEN 60

RIJST SALADE 62

> INHOUD 62
>
> DETAIL 62
>
> BEDRIEGEN 62

GEMENGDE SALADE 64

> INHOUD 64
>
> DETAIL 64
>
> BEDRIEGEN 65

SALADE MET PEPPERINKTVIS 66

> INHOUD 66
>
> DETAIL 66
>
> BEDRIEGEN 66

CAPRESA SALADE 69

> INHOUD 69
>
> DETAIL 69
>
> BEDRIEGEN 69

RUSSISCHE SALADE 70

> INHOUD 70
>
> DETAIL 70
>
> BEDRIEGEN 71

ORANJE WITTE BONEN SALADE 72

    INHOUD 72

    DETAIL 72

    BEDRIEGEN 72

KIPPENbotsingen MET WIT 75

    INHOUD 75

    DETAIL 75

    BEDRIEGEN 75

GEBRADEN EEND 76

    INHOUD 76

    DETAIL 76

    BEDRIEGEN 77

KIPPENBORST VILLAROY 78

    INHOUD 78

    DETAIL 78

    BEDRIEGEN 79

GESNEDEN KIP MET CITROENMOSTERDSAUS 80

    INHOUD 80

    DETAIL 80

    BEDRIEGEN 81

GEROOSTERDE PINTADA MET PRUIMEN EN PADDESTOELEN .. 82

    INHOUD 82

    DETAIL 82

    BEDRIEGEN 83

VILLAROY KIPBORST MET GEKARAMELISEERDE PIQUILOMI IN MODENA AZIJN 84

INHOUD 84

    DETAIL 84

    BEDRIEGEN 85

KIPPENPLAATJE MET BACON, PADDESTOELEN EN KAAS 86

    INHOUD 86

    DETAIL 86

    BEDRIEGEN 87

ZOETE KIP MET Pruimen 88

    INHOUD 88

    DETAIL 88

    BEDRIEGEN 89

Kipfilet met sinaasappelpistache 90

    INHOUD 90

    DETAIL 90

    BEDRIEGEN 90

ZORRELWORTEL 92

    INHOUD 92

    DETAIL 92

    BEDRIEGEN 92

JACHT KIP 94

    INHOUD 94

    DETAIL 94

    BEDRIEGEN 95

COCA Cola STIJL KIPPENVLEUGELS 96

    INHOUD 96

    DETAIL 96

- BEDRIEGEN ... 96
- KIP MET KNOFLOOK ... 97
  - INHOUD ... 97
  - DETAIL ... 97
  - BEDRIEGEN ... 98
- KIP ... 99
  - INHOUD ... 99
  - DETAIL ... 99
  - BEDRIEGEN ... 100
- Kwartels en RODE VRUCHTEN ... 101
  - INHOUD ... 101
  - DETAIL ... 101
  - BEDRIEGEN ... 102
- KIP MET CITROEN ... 103
  - INHOUD ... 103
  - DETAIL ... 103
  - BEDRIEGEN ... 104
- RAUWE SERRANO, CASAR CAKE EN KIP ROCKET SAN JACOBO ... 105
  - INHOUD ... 105
  - DETAIL ... 105
  - BEDRIEGEN ... 105
- GEKOOKTE KIPCURRY ... 106
  - INHOUD ... 106
  - DETAIL ... 106
  - BEDRIEGEN ... 106

KIP IN RODE WIJN 107
    INHOUD 107
    DETAIL 107
    BEDRIEGEN 108

GEROOSTERDE KIP MET ZWART BIER 109
    INHOUD 109
    DETAIL 109
    BEDRIEGEN 109

chocolade patrijs 111
    INHOUD 111
    DETAIL 111
    BEDRIEGEN 112

Turkiye GEBAKKEN MET ROOD FRUIT 113
    INHOUD 113
    DETAIL 113
    BEDRIEGEN 114

GEROOSTERDE KIP MET PERZIKSAUS 115
    INHOUD 115
    DETAIL 115
    BEDRIEGEN 116

Kipfilet met spinazie en mozzarella 117
    INHOUD 117
    DETAIL 117
    BEDRIEGEN 117

GEBRADEN KIP MET JAVA 118
    INHOUD 118

DETAIL 118

BEDRIEGEN 118

Kipspiesjes met pindasaus 120

INHOUD 120

DETAIL 120

BEDRIEGEN 121

PEPER KIP 122

INHOUD 122

DETAIL 122

BEDRIEGEN 123

KIP MET SINAASAPPEL 124

INHOUD 124

DETAIL 124

BEDRIEGEN 125

OPLOSSING KIP GARANTIE 126

INHOUD 126

DETAIL 126

BEDRIEGEN 127

Gebakken kip met pinda's en soja 128

INHOUD 128

DETAIL 128

BEDRIEGEN 129

CHOCOLADEKIP MET GEBRADEN AMANDELEN 130

INHOUD 130

DETAIL 130

BEDRIEGEN 131

LAM GEPANTSCHAP MET PEPER EN VISMOSTERD 132
- INHOUD 132
- DETAIL 132
- BEDRIEGEN 133

HAVENVLEESVULLING 134
- INHOUD 134
- DETAIL 134
- BEDRIEGEN 135

MADRID VLEESBALLEN 136
- INHOUD 136
- DETAIL 136
- BEDRIEGEN 137

Rundvleeschocoladewang 138
- INHOUD 138
- DETAIL 138
- BEDRIEGEN 139

GECONFITEERDE VARKENSVLEESTAARTJE GEASPIREERD MET ZOETE WIJNSAUS 140
- INHOUD 140
- DETAIL 140
- BEDRIEGEN 141

MET HET KONIJNENBAAN 142
- INHOUD 142
- DETAIL 142
- BEDRIEGEN 143

PEPITORIA gehaktballetjes in pindasaus 144

INHOUD 144

DETAIL 144

BEDRIEGEN 145

RUNDVLEESSCALLOPINA MET ZWART BIER 146

INHOUD 146

DETAIL 146

BEDRIEGEN 147

Rondleidingen door MADRID 148

INHOUD 148

DETAIL 148

BEDRIEGEN 149

GEBRADEN VARKEN MET APPELEN EN MUNT 150

INHOUD 150

DETAIL 150

BEDRIEGEN 151

Kippengehaktballetjes met frambozensaus 152

INHOUD 152

DETAIL 153

BEDRIEGEN 153

LAMSSTOOFPOT 154

INHOUD 154

DETAIL 154

BEDRIEGEN 155

KONIJNMOS 156

INHOUD 156

DETAIL 156

BEDRIEGEN 157
KONIJN MET PIPERRADO 158
    INHOUD 158
    DETAIL 158
    BEDRIEGEN 159
KAAS KIPPENVLEESBALLEN MET KERRYSAUS 160
    INHOUD 160
    DETAIL 161
    BEDRIEGEN 161
VARKENSWARENWANG IN RODE WIJN 162
    INHOUD 162
    DETAIL 162
    BEDRIEGEN 163
COCHIFRITO NAVARRE 164
    INHOUD 164
    DETAIL 164
    BEDRIEGEN 164
Stoofpotje van rundvlees met pindasaus 166
    INHOUD 166
    DETAIL 166
    BEDRIEGEN 167
GEROOSTERDE VLOKKEN 168
    INHOUD 168
    DETAIL 168
    BEDRIEGEN 168
GEROOSTERDE KIJN MET KOOL 170

INHOUD 170

DETAIL 170

BEDRIEGEN 170

DE KONIJNENJAGER 172

INHOUD 172

DETAIL 172

BEDRIEGEN 173

MADRILEÑA RUNDVLEES 174

INHOUD 174

DETAIL 174

BEDRIEGEN 174

PADDESTOEL KONIJN GARANTIE 175

INHOUD 175

DETAIL 175

BEDRIEGEN 176

VARKENSRIBBEN MET WITTE WIJN EN HONING 177

INHOUD 177

DETAIL 177

BEDRIEGEN 177

GALLEGO-ROUTES 179

INHOUD 179

DETAIL 179

BEDRIEGEN 180

LONESA-LENS 181

INHOUD 181

DETAIL 181

BEDRIEGEN 182
CURY APPELLINZEN 183
    INHOUD 183
    DETAIL 183
    BEDRIEGEN 184
POCHAS IN NAVARRA 185
    INHOUD 185
    DETAIL 185
    BEDRIEGEN 186
LENS 187
    INHOUD 187
    DETAIL 187
    BEDRIEGEN 188
kabeljauw 190
    INHOUD 190
    DETAIL 190
    BEDRIEGEN 190
DURADO COD 192
    INHOUD 192
    DETAIL 192
    BEDRIEGEN 192
BASK KRAB 194
    INHOUD 194
    DETAIL 194
    BEDRIEGEN 195
VERMIJD IN AZIJN 196

INHOUD 196
DETAIL 196
BEDRIEGEN 196
MERK COD 197
INHOUD 197
DETAIL 197
BEDRIEGEN 197
ADOBO-POEDER (BIENMESABE) 198
INHOUD 198
DETAIL 198
BEDRIEGEN 199
SINAASAPPEL EN TONIJN augurken 200
INHOUD 200
DETAIL 200
BEDRIEGEN 201
GARNALEN WATERDICHT 202
INHOUD 202
DETAIL 202
BEDRIEGEN 202
Tonijn met basilicum 203
INHOUD 203
DETAIL 203
BEDRIEGEN 203
EEN DE MINIER 205
INHOUD 205
DETAIL 205

BEDRIEGEN 205
HOLLE ZALM RUG 206
    INHOUD 206
    DETAIL 206
    BEDRIEGEN 206
Zeebaars PIQUILTOS BILBAN STIJL 207
    INHOUD 207
    DETAIL 207
    BEDRIEGEN 207
Schelpen in een fles 209
    INHOUD 209
    DETAIL 209
    BEDRIEGEN 210
MARMITAKA 211
    INHOUD 211
    DETAIL 211
    BEDRIEGEN 212
zeebaars in zout 213
    INHOUD 213
    DETAIL 213
    BEDRIEGEN 213
GESTOKEN MOSSELS 214
    INHOUD 214
    DETAIL 214
    BEDRIEGEN 214
HEEK VAN GALICIË 215

INHOUD	215
DETAIL	215
BEDRIEGEN	216
HAK BASKETBAL	217
INHOUD	217
DETAIL	217
BEDRIEGEN	218

RAW EN ZAAD Slakken

INHOUD

500 g **slakken**

500 g **cantharellen**

200 g **gehakte serranoham**

200 ml **tomatensaus**

1 **glas witte wijn**

1 **eetlepel chorizopeper**

1 **theelepel gehakte verse peterselie**

1 **laurierblad**

2 **teentjes knoflook**

1 **lente-ui**

1 **rode paprika**

DETAIL

Maak de slakken schoon met koud water en zout totdat ze geen slijm meer vrijgeven.

Leg ze in koud gezouten water en tel 8 minuten vanaf het moment dat ze beginnen te koken.

Snijd de ui en knoflook fijn. Kook op laag vuur met ham. Voeg de in stukjes gesneden filet toe en bak 2 minuten op hoog vuur.

Dompel de wijn onder en laat verdampen. Voeg het chorizovlees, de paprika, de tomaat en de cayennepeper toe. Voeg op het laatst de slakken en het laurierblad toe en kook ongeveer 10 minuten. Bestrooi met gehakte peterselie.

BEDRIEGEN

Het is op geen enkel moment nodig om zout toe te voegen, omdat de slakken een sterke smaak hebben en de ham al zout is.

ZWANGERSCHAP BROODJES

INHOUD

500 **g sterke bloem**

75 **gram boter**

25 **g samengeperste gist**

2 **worsten**

1 **heel ei**

1 **eierdooier**

1 **theelepel suiker**

zout

DETAIL

Maak van het gezeefde meel een vulkaan. Voeg zachte boter, eieren, suiker, gist, 1 glas warm water en zout toe aan het midden.

Kneed tot een homogene massa is verkregen. Laat 40 minuten fermenteren in de buurt van een warmtebron.

Vorm middelgrote balletjes en doe er een stukje chorizo in. Dek goed af, bestrijk met eigeel en bak gedurende 15 minuten op 210ºC.

BEDRIEGEN

Voor een snellere fermentatie van het deeg kan het in een kleibak met water worden geplaatst en 30 minuten op 50°C worden gekookt. Het moet goed gecoat zijn.

SNOEPWORTELS MET GEKARAMELISEERDE UIEN

INHOUD

4 **vellen zanddeeg**

8 **blokjes foie gras**

2 **eetlepels boter**

Gekarameliseerde uien (zie rubriek Groenten)

Zout en peper

DETAIL

Snijd de bakstenen panelen in 16 rechthoeken. Bestrijk ze elk met gesmolten boter en verzamel de overige lagen door ze op elkaar te stapelen.

Leg de gekruide gans erop en sluit deze in de vorm van karamel. Bestrijk opnieuw met ei en bak op 200°C tot de buitenkant lichtbruin is. Serveer met gekarameliseerde uien.

BEDRIEGEN

Ze kunnen gebakken worden in plaats van gebakken, maar zorg ervoor dat het deeg niet te goudbruin wordt.

HAMISE COCA MET OLIJVEN EN VERPLETTERDE KOMBER

INHOUD

250 g bloem

25 g walnoten

15 g verse gist

125 ml warm water

12 ansjovis uit blik

1 klein blikje olijven zonder pit

1 theelepel dille

1 teentje knoflook

125 ml olijfolie

DETAIL

Zeef de bloem in een kom. Los de gist ook op in warm water.

Maak een vulkaan van bloem en giet er opgeloste gist, olie en water in. Kneed zodat het niet aan je handen blijft plakken (voeg eventueel nog wat bloem toe). Laat afgedekt 30 minuten staan.

Pureer ondertussen de olijven met een teentje knoflook, walnoten en dille. Voeg wat olijfolie toe en bewaar.

Rol het deeg uit met een deegroller en vorm meshrechthoeken van ½ cm dik. Leg bakpapier op de bakplaat en bak gedurende 10 minuten op 175°C.

Haal de cola uit de oven, verdeel de olijvenpasta erover en verdeel de ansjovis erover.

BEDRIEGEN

Ansjovis kan worden gebruikt in plaats van gerookte kabeljauw. graag gedaan

WORST MET APPELHONING EN NAM TOE

INHOUD

750 **ml cider**

150 **gram honing**

16 **worsten**

1 **takje rozemarijn**

DETAIL

Kook de chorizo, cider, honing en rozemarijn op laag vuur gedurende 30 minuten of tot de cider tot de helft is ingekookt.

BEDRIEGEN

Week de worstjes 24 uur in cider om meer smaak te verkrijgen.

Spek van worst en spek

INHOUD

10 **rookworsten**

10 **plakjes spek**

10 **sneetjes gesneden brood**

1 **ei**

DETAIL

Snijd de randen van de sneetjes brood af. Rol het uit met een deegroller tot een zeer dunne laag en snijd het doormidden.

Verwijder de randen van de worsten (je kunt ze laten staan voor de esthetiek) en snijd ze doormidden. We snijden ook plakjes spek.

Bestrijk het oppervlak van de plak met ei en leg er een plakje spek op, zorg ervoor dat het niet uitsteekt. Leg de worstjes op het ene uiteinde van het broodje en wikkel ze eromheen totdat ze het andere uiteinde bereiken. Goed aandrukken en bakken op 175 ºC tot de broden knapperig zijn.

BEDRIEGEN

Mini-snoepjes kunnen worden gemaakt van kleine cocktailworstjes. Het is belangrijk om meteen te eten om verkoudheid te voorkomen.

RODE PADDESTOELEN DIE IN RODE OLIE EN BASILICUM WORDEN GEROOSTERD

INHOUD

250 **gram champignons**

250 **g gepelde garnalen**

12 **verse basilicumblaadjes**

3 **teentjes knoflook**

1 **rode paprika**

olijfolie

zout

DETAIL

Verwijder de steeltjes van de champignons, pel de knoflook, maak deze schoon en hak deze fijn.

Bak de champignons in een hete pan samen met de knoflook (eerst gekeerd) gedurende 2 minuten aan elke kant. Salarisverhoging. Bak de garnalen lichtjes in dezelfde olie.

Maal de basilicum en cayennepeper apart met een beetje olie.

Leg de garnalen op de champignons en breng ze op smaak met zout. Basilicumoliesaus.

BEDRIEGEN

Ze kunnen ook 5 minuten gebakken worden op 210°C en afgewerkt worden met een plakje Manchego kaas.

ZWARTE PUDDING EN PERENKROKETTEN

INHOUD

200 g **bloedworst**

120 **gram boter**

120 g **bloem**

1 **liter melk**

2 **conference-peren**

Meel, eieren en paneermeel (voor paneren)

nootmuskaat

olijfolie

Zout en peper

DETAIL

Schil de peren, snij ze in kleine stukjes en verwijder het klokhuis. Reserveren.

Bak de bloedworst in een beetje olie tot hij kruimelig wordt. Voeg de peren toe en bak 2 minuten.

Smelt de boter in dezelfde pan, voeg de bloem toe en bak 10 minuten op laag vuur. Voeg de melk in één keer toe en kook nog eens 45 minuten, onder voortdurend roeren. Breng op smaak met zout, peper en nootmuskaat.

Leg het deeg op een bakplaat en laat het volledig afkoelen. Knip en vorm in de gewenste delen. Meng de bloem, het ei en het paneermeel en bak in veel olie.

BEDRIEGEN

Zodra de kroketten gepaneerd zijn, kun je ze invriezen. Het enige dat u vóór het frituren hoeft te doen, is het in paneermeel rollen.

kabeljauw kroket

INHOUD

200 g **kabeljauw zonder zout**

120 **gram boter**

120 **g bloem**

1 **liter melk**

Meel, eieren en paneermeel (voor paneren)

nootmuskaat

olijfolie

Zout en peper

DETAIL

Kook de kabeljauw in de melk gedurende 5 minuten op laag vuur. Filter, scheid de melk en snijd de kabeljauw in kleine stukjes.

Smelt de boter in een pan, voeg de bloem toe en bak op laag vuur gedurende 10 minuten.

Giet de melk er in één keer bij en laat, onder voortdurend roeren, nog eens 40 minuten op laag vuur koken. Voeg de kabeljauw toe en bak nog 5 minuten. Zout en voeg een beetje nootmuskaat toe.

Leg het deeg op een bakplaat en laat het volledig afkoelen. Knip en vorm in de gewenste delen. Meng de bloem, het ei en het paneermeel en bak in veel olie.

BEDRIEGEN
Pas op voor de zoute plek, want er zit veel kabeljauw.

Slakken met tomatensaus

INHOUD

1 kg slakken

50 g seranoham, in kleine stukjes gesneden

2 grote tomaten

2 kleine teentjes knoflook

1 laurierblad

1 grote ui

1 rode paprika

suiker

olijfolie

zout

DETAIL

Maak de slakken schoon met water en zout gedurende 5 minuten. Giet af en herhaal het proces 3x.

Kook de slakken in koud water en laat ze bij de eerste kookbeurt uitlekken. Herhaal het proces 3x.

Slakken worden gedurende 20 minuten gekookt met een laurierblad.

Snijd de ui, chili en knoflook in kleine stukjes. Bak alles samen met de ham in de garnalen op laag vuur. Voeg de geraspte tomaten toe en kook op middelhoog vuur tot de tomaten hun sap volledig hebben verloren. Pas zout en suiker indien nodig aan.

Voeg de slakken toe en kook op laag vuur gedurende 5 minuten.

BEDRIEGEN

Het schoonmaken van de slakken is erg belangrijk. Anders zullen er slechte smaken verschijnen.

TONIJNVLEESBALLEN

INHOUD

200 g bloem

100 g tonijn in olie

½ dl witte wijn

3 eetlepels tomatensaus

1 kleine groene paprika

1 kleine lente-ui

1 gekookt ei

½ dl olijfolie

zout

DETAIL

Maak een vulkaan van gezeefd meel en giet er wijn, olie en zout in. Kneed tot een homogene massa is verkregen en laat 20 minuten in de koelkast staan.

Snijd ondertussen de ui en de paprika fijn. Bak op een laag vuur gedurende 10 minuten en voeg de tomatenpuree, een in kleine stukjes gesneden ei en de gehakte tonijn toe. Bak nog 2 minuten en laat het deeg afkoelen.

Rol het vervolgens op een met bloem bestoven oppervlak dun uit zodat het niet blijft plakken en vorm het in een ronde vorm. Vul elke empanadilla met een lepel tonijn. Maak de randen vochtig, druk ze dicht en knijp ze met een vork goed vast.

Bak in voldoende olie en giet het op absorberend papier.

BEDRIEGEN

Bak op 190°C tot ze goudbruin zijn om het aantal calorieën te verminderen.

GARNALENKROKET MET KNOFLOOK

INHOUD

200 **g garnalen**

120 **gram boter**

120 **g bloem**

1 **liter melk**

2 **teentjes knoflook**

Meel, eieren en paneermeel (voor paneren)

nootmuskaat

olijfolie

Zout en peper

DETAIL

Fruit de in blokjes gesneden knoflook samen met de boter in een pan op laag vuur gedurende 5 minuten.

Pel en hak de garnalen. Voeg ze toe aan de pan en bak 30 seconden. Voeg de bloem toe en bak nog eens 10 minuten op laag vuur.

Voeg de melk in één keer toe en kook nog eens 45 minuten, onder voortdurend roeren. Breng op smaak met zout, peper en nootmuskaat.

Leg het deeg op een bakplaat en laat het volledig afkoelen. Knip en vorm in de gewenste delen. Meng de bloem, het ei en het paneermeel en bak in veel olie.

BEDRIEGEN

In plaats van goede garnalenkop- en karkassensoep kan melk worden gebruikt.

MOZZARELLA, KERSEN EN RUGULA PAKKET

INHOUD

16 **mozzarellabolletjes**

16 **kerstomaatjes**

1 **klein handje verse rucola**

1 **eetlepel gehakte walnoten**

olijfolie

DETAIL

Kook water, voeg de tomaten toe en kook gedurende 30 seconden. Haal uit de oven en laat afkoelen in ijswater.

Schil de kersen en meng de spiesjes ermee en de kaas.

Verpletter de rucola en de walnoten in een beetje olie en serveer deze saus op spiesjes.

BEDRIEGEN

Als je de tomaten te gaar kookt, kun je ze heel gemakkelijk pellen en zal de textuur heel mooi en zacht zijn.

GILDAS

INHOUD

16 **ontpitte zwarte olijven**

16 **paprika's**

16 **ansjovis**

8 **piquillo-pepers**

DETAIL

Maak zestien spiesjes klaar door de olijven, paprika, ansjovis en paprika erdoor te gooien.

BEDRIEGEN

Dit is een heel typische snack in Euskadi. De beste paprika's komen uit de steden Guipúzcoa en de beste ansjovis uit Santoña.

ZELFGEMAAKT panadadeeg

INHOUD

1 glas wijn

1 glas melk

2 eierdooiers

Roem

1 kopje olijfolie of zonnebloemolie

zout

DETAIL

Klop alle vloeistoffen en zout met een garde. Voeg geleidelijk bloem toe totdat het deeg aan je handen blijft plakken. Verdeel het deeg in tweeën en rol het met een deegroller uit tot een zeer dunne laag.

Leg bakpapier op een bakplaat en leg er één van de deeglagen op. Prik het oppervlak in met een vork en vul indien gewenst (moet koud zijn).

Bedek met de tweede laag pasta, prik er met een vork in en snijd in het midden zodat de stoom vrijkomt. Lijm de randen en beschilder met losgeklopt eigeel.

Verwarm de oven tot 190°C en bak gedurende 25 minuten of tot het oppervlak goudbruin is.

BEDRIEGEN

Je kunt elk type wijn gebruiken: wit, rood, zoet, enz. Specerijen, zoals goede paprika, kunnen ook door het deeg worden gemengd.

KIPKROKETTEN EN GEKOOKTE EIEREN

INHOUD

120 **gram boter**

120 **g bloem**

1 **liter melk**

1 **kipfilet**

2 **gekookte eieren**

Meel, eieren en paneermeel (voor paneren)

nootmuskaat

olijfolie

Zout en peper

DETAIL

Kook de borst gedurende 12 minuten, koel af en snij in kleine stukjes.

Smelt de boter in een pan, voeg de bloem toe en bak op laag vuur gedurende 10 minuten. Voeg de melk in één keer toe en kook nog eens 40 minuten, onder voortdurend roeren. Voeg gekookte eieren en in stukjes gesneden kip toe. Ga nog 5 minuten door met koken.

Breng op smaak met zout, peper en nootmuskaat.

Leg het deeg op een bakplaat en laat het volledig afkoelen. Knip en vorm in de gewenste delen. Meng de bloem, het ei en het paneermeel en bak in veel olie.

BEDRIEGEN

Een deel van de melk kan worden vervangen door kippenbouillon.

AKERNOTENKROKETTEN MET BLAUWE KAAS

INHOUD

120 **gram boter**

120 **g bloem**

100 **g blauwe kaas**

1 **liter melk**

1 **handvol in vieren gesneden walnoten**

Meel, eieren en paneermeel (voor paneren)

nootmuskaat

olijfolie

Zout en peper

DETAIL

Smelt de boter in een pan, voeg de bloem toe en bak op laag vuur gedurende 10 minuten. Voeg de melk en de kaas in één keer toe en kook nog eens 45 minuten op laag vuur, onder voortdurend roeren. Breng op smaak met zout, peper en nootmuskaat.

Leg het deeg op een bakplaat en laat het volledig afkoelen. Knip en vorm in de gewenste delen. Leg in elk broodje een kwart walnoot. Meng de bloem, het ei en het paneermeel en bak in veel olie.

BEDRIEGEN

Proef het krokettendeeg voordat je er zout aan toevoegt, want kaas voegt veel zout toe.

KIP TOAST GRILL PINNAZE GROENTEN

INHOUD

8 sneetjes brood

40 g verschillende slasoorten

40 g gehakte Manchego-kaas

1 kleine kipfilet

4 eetlepels rosésaus (zie Soepen en Sauzen)

2 plakjes ananas op siroop

2 ingelegde komkommers

1 gekookt ei

olijfolie

DETAIL

Kook de borst gedurende 12 minuten. Koel en snijd in dunne reepjes.

Bak de ananas aan beide kanten in een beetje olie. Reserveer en hak fijn.

Hak de eieren en de augurken fijn en meng de rest van de ingrediënten met de roze saus.

Rooster het brood en bestrijk het met de vulling.

BEDRIEGEN

Het kan ook worden bereid met stukjes gekookte ham of zelfs tonijn uit blik.

LANDELIJKE SALADE

INHOUD

4 **grote aardappelen**

150 **g tonijn uit blik**

20 **olijven**

4 **gekookte eieren**

4 **tomaten**

2 **komkommers**

2 **groene paprika's**

1 **grote ui**

Azijn

olijfolie

zout

DETAIL

Schil de aardappelen en snijd ze in middelgrote plakjes. Kook in koud gezouten water op middelhoog vuur tot het gaar is. Filteren en afkoelen.

Was de groenten en snij ze in de juiste stukken. Maak een saladedressing van 3 delen olie en 1 deel azijn en voeg een beetje zout toe.

Meng alle ingrediënten in een kom en garneer met saladedressing.

BEDRIEGEN

Je kunt 1 eetlepel paprika in olie gedurende 5 seconden bakken. Laat het vervolgens afkoelen en meng met de vinaigrette.

DUITSE SALADE

INHOUD

1 **kg aardappelen**

75 **gram augurken**

8 **eetlepels mayonaise**

4 **eetlepels mosterd**

8 **worsten**

1 **lente-ui**

1 **appel**

Zout en peper

DETAIL

Schil de aardappelen, snijd ze in blokjes en kook ze in water. Kalmeer.

Snij de lente-uitjes en appels in kleine stukjes en de worstjes en augurken in plakjes.

Meng mayonaise en mosterd in een kom en voeg de rest van de ingrediënten toe. Breng op smaak.

BEDRIEGEN

Een zeer compleet recept, omdat het groenten, fruit en vlees bevat. Het kan ook gemaakt worden met zoete mosterd.

RIJST SALADE

INHOUD

200 **gram rijst**

150 **g Yorkham**

35 **g ontpitte olijven**

6 **kappertjes**

3 **ingelegde komkommers**

1 **kleine lente-ui**

1 **kleine tomaat**

1 **groene paprika**

Roze saus (zie het gedeelte Soepen en Sauzen)

DETAIL

Kook de rijst, laat uitlekken, ververs en bewaar op een koele plaats.

Snijd de sjalotten, kappertjes, olijven, tomaten, paprika en augurken fijn en snijd de Yorkham in hapklare stukjes.

Combineer alle ingrediënten met rijst en garneer met roze saus.

BEDRIEGEN

Ook tonijnreepjes uit blik, kaasblokjes, piquillo pepers etc.

GEMENGDE SALADE

INHOUD

100 **gram tonijn**

20 **ontpitte olijven**

4 **blikken witte asperges**

3 **gekookte eieren**

2 **tomaten**

1 **groene salade**

1 **geraspte wortel**

1 **ui**

Azijn

olijfolie

zout

DETAIL

Was, ontsmet en snijd de sla in middelgrote stukken. Was de tomaten, snijd ze in achten en snijd de eieren in plakjes.

Maak een saladedressing van 3 delen olie en 1 deel azijn met een snufje zout.

Leg de salade op de bodem van de slakom en voeg de rest van de ingrediënten toe. Te dragen met vinaigrette.

BEDRIEGEN

Nadat je de sla hebt gewassen, leg je de bladeren in ijswater. Zo blijven ze groener en lekker knapperig.

SALADE MET PEPPERINKTVIS

INHOUD

12 **schoongemaakte jonge inktvissen**

1 **grote Italiaanse groene paprika**

2 **teentjes knoflook**

2 **tomaten**

1 **ui**

1 **komkommer**

9 **eetlepels olijfolie**

3 **eetlepels azijn**

zout

DETAIL

Maak de groenten schoon en snijd ze in middelgrote stukken. Schil de komkommers en snijd ze gelijkmatig.

Maak een saladedressing door olie, azijn en zout te mengen. Garneer de salade met vinaigrette en meng.

Verhit de pan met een druppel olie, bak de jonge inktvis 30 seconden aan elke kant, voeg zout en peper toe aan de pan. Even opwarmen en warm serveren.

BEDRIEGEN

Oververhit de peper niet, want dan verdampt de azijn en gaat de smaak verloren.

CAPRESA SALADE

INHOUD

1 kg tomaten

250 gram mozarella

½ bosje verse basilicum

Modena-reductie (optioneel)

extra vergine olijfolie

zout

DETAIL

Meng verse basilicum met een beetje olie. Snij de tomaat en mozzarella in plakjes en leg ze op een bord.

Indien gewenst op smaak brengen met basilicumolie, zout en Modena-reductie.

BEDRIEGEN

Je kunt de basilicumolie vervangen door een heerlijke pesto.

RUSSISCHE SALADE

INHOUD

1 **kg aardappelen**

400 **g wortelen**

250 **g erwten**

400 **g tonijn in olie**

4 **gekookte eieren**

1 **piquillo-peper**

Olijfgroen

mayonaise

zout

DETAIL

Schil de aardappelen en wortels en snijd ze in middelgrote stukken. Kook op laag vuur in verschillende containers, zodat ze niet breken. Kook de erwten gewoon onafgedekt, zodat ze niet zwart worden. Verfris de groenten en laat ze afkoelen.

Doe de tonijn, eieren, olijven en paprika's, in kleine stukjes gesneden, in een slakom. Voeg aardappelen, wortels en erwten toe. Zout, mayonaisesaus naar smaak en meng. Koel tot klaar om te serveren.

BEDRIEGEN

Mayonaise wordt gemengd met gekookte bieten en aan de salade toegevoegd. Afhankelijk van de gebruikte hoeveelheid is de salade roze of paars van kleur, met een zeer uitgesproken en lichte bietensmaak.

ORANJE WITTE BONEN SALADE

INHOUD

200 g witte bonen, gekookt

200 gram spek

2 sinaasappels

1 lente-ui

1 eetlepel mosterd

2 eetlepels azijn

9 eetlepels olijfolie

Zout en peper

DETAIL

Snij het spek in reepjes en bak deze in een beetje olie. Reserveren.

Snijd de ui in dunne juliennereepjes. Was de bonen goed. Haal de stukjes van de sinaasappels en verwijder de witachtige schil die ze bedekt.

Maak een saladedressing van olie, azijn en mosterd.

Giet alle ingrediënten bij de saladedressing en breng op smaak met peper en zout.

BEDRIEGEN

Patrijs-augurken zijn een geweldig bijgerecht bij deze salade.

KIPPENbotsingen MET WIT

INHOUD

12 kippendijen

200 ml room

150 ml whisky

100 ml kippenbouillon

3 eierdooiers

1 lente-ui

Roem

olijfolie

Zout en peper

DETAIL

De kippenpoten worden gekruid, met bloem bestoven en gebakken. Verwijderen en reserveren.

Fruit de fijngesneden ui in dezelfde olie gedurende 5 minuten. Voeg whisky toe en flambeer (het deksel moet gesloten zijn). Voeg room en water toe. Voeg de kip er weer aan toe en laat 20 minuten koken.

Haal van het vuur, voeg de eierdooiers toe en roer goed om de saus wat dikker te maken. Voeg indien nodig zout en peper toe.

BEDRIEGEN

Whisky kan worden vervangen door onze favoriete alcoholische drank.

GEBRADEN EEND

INHOUD

1 schone eend

1 liter kippenbouillon

4 dl sojasaus

3 eetlepels honing

2 teentjes knoflook

1 kleine ui

1 rode paprika

verse gember

olijfolie

Zout en peper

DETAIL

Meng in een kom kippenbouillon, soja, geraspte knoflook, fijngehakte peper en ui, honing, een klein stukje geraspte gember en peper. Marineer de eend in dit mengsel gedurende 1 uur.

Haal het uit de marinade en leg het met de helft van de marinade op een bakplaat. Bak aan beide kanten gedurende 10 minuten op 200°C. Voortdurend nat gemaakt met een borstel.

Zet de oven terug op 180 °C en bak elke kant nog eens 18 minuten (ga elke 5 minuten verder met een penseel).

Verwijder de eend, scheid de eend en kook de saus tot de helft in een pan op middelhoog vuur.

BEDRIEGEN

Kook de vogels eerst met de borstzijde naar beneden, zodat ze minder droog en sappig zijn.

KIPPENBORST VILLAROY

INHOUD

1 kg kipfilet

2 wortels

2 stengels bleekselderij

1 ui

1 luitenant

1 raap

Meel, eieren en paneermeel (voor paneren)

voor bechamel

1 liter melk

100 gram boter

100 g bloem

nootmuskaat

Zout en peper

DETAIL

Kook alle schoongemaakte groenten gedurende 45 minuten in 2 liter (koud) water.

Maak ondertussen de bechamelsaus klaar door de bloem 5 minuten in boter op middelhoog vuur te bakken. Voeg vervolgens de melk toe en meng. Breng op smaak en voeg nootmuskaat toe. Kook gedurende 10 minuten op laag vuur zonder te stoppen met kloppen.

Zeef de soep en kook de borsten (heel of filets) gedurende 15 minuten. Haal eruit en laat afkoelen. Bruin de borst goed met bechamelsaus en bewaar in de koelkast. Als het afgekoeld is, dompel het in de bloem, vervolgens in het ei en ten slotte in het paneermeel. Bak in voldoende olie en serveer warm.

BEDRIEGEN

Van soep en gepureerde groenten kun je een heerlijke crème maken.

GESNEDEN KIP MET CITROENMOSTERDSAUS

INHOUD

4 kipfilets

250 ml room

3 eetlepels cognac

3 eetlepels mosterd

1 eetlepel bloem

2 teentjes knoflook

1 citroen

½ lente-ui

olijfolie

Zout en peper

DETAIL

Kruid de borst, in de juiste stukken gesneden, met een beetje olie en bak. Reserveren.

Fruit de ui en de fijngehakte knoflook in dezelfde olie. Voeg de bloem toe en kook gedurende 1 minuut. Voeg cognac toe tot het verdampt, voeg room, 3 eetlepels citroensap en -schil, mosterd en zout toe. Kook de saus gedurende 5 minuten.

Voeg de kip weer toe en laat nog 5 minuten op laag vuur koken.

BEDRIEGEN

Rasp de citroen voordat je hem uitknijpt. Je kunt het ook maken met kipblokjes in plaats van borsten om geld te besparen.

GEROOSTERDE PINTADA MET PRUIMEN EN PADDESTOELEN

INHOUD

1 grafiet

250 gram champignons

200 ml poort

¼ liter kippenbouillon

15 ontpitte pruimen

1 teentje knoflook

1 theelepel bloem

olijfolie

Zout en peper

DETAIL

Breng op smaak met peper en zout en bak de parelhoenders en pruimen gedurende 40 minuten op 175 °C. Halverwege de bereiding keren. Als de tijd om is, verwijder je het sap en bewaar je het.

Bak 2 eetlepels olie en bloem in een pan gedurende 1 minuut. Week met wijn en snijd doormidden. Bevochtig met bouillon en bouillon. Kook gedurende 5 minuten zonder te stoppen met roeren.

Bak de champignons apart met een beetje gehakte knoflook, voeg ze toe aan de saus en breng aan de kook. Serveer de parelhoen met de saus.

BEDRIEGEN

Voor speciale gelegenheden kunnen cavia's worden gevuld met appels, foie gras, gehakt en gedroogd fruit.

 AVES

VILLAROY KIPBORST MET GEKARAMELISEERDE PIQUILOMI IN MODENA AZIJN

INHOUD

4 kipfiletfilets

100 gram boter

100 g bloem

1 liter melk

1 blik piquillo-pepers

1 glas Modena-azijn

½ kopje suiker

nootmuskaat

Eieren en paneermeel (voor coating)

olijfolie

Zout en peper

DETAIL

Bak de boter en de bloem op laag vuur gedurende 10 minuten. Giet vervolgens de melk erbij en kook gedurende 20 minuten, onder voortdurend roeren. Zout en voeg nootmuskaat toe. Kalmeer.

Karameliseer ondertussen de paprika's met de azijn en suiker tot de azijn dikker wordt (net begonnen).

Kruid de filets en garneer met piquillo. Wikkel de borsten in transparante folie alsof het harde snoepjes zijn, dek af en kook gedurende 15 minuten in water.

Bestrijk het braadstuk aan alle kanten met bechamelsaus en dompel het in losgeklopt ei en paneermeel. Bak in voldoende olie.

BEDRIEGEN

Als je tijdens het roosteren van de bloem voor de bechamelsaus een eetlepel of twee curry toevoegt, zal het resultaat anders en zeer rijk zijn.

KIPPENPLAATJE MET BACON, PADDESTOELEN EN KAAS

INHOUD

4 kipfiletfilets

100 gram champignons

4 plakjes gerookt spek

2 eetlepels mosterd

6 eetlepels room

1 ui

1 teentje knoflook

gesneden kaas

olijfolie

Zout en peper

DETAIL

Kruid de kipfilets. Maak de champignons schoon en snij ze in vier.

Bak het spek uit en bak de gehakte champignons met knoflook op hoog vuur.

Vul de filets met spek, kaas en champignons en sluit ze perfect als snoepjes met transparante folie. Kook in kokend water gedurende 10 minuten. Verwijder de film en filet.

Bak de fijngesneden uien aan de andere kant, voeg room en mosterd toe, kook 2 minuten en meng. saus op kip

BEDRIEGEN

Transparante folie verdraagt hoge temperaturen en geeft geen smaak aan het gerecht.

ZOETE KIP MET Pruimen

INHOUD

1 grote kip

100 g pitloze pruimen

½ liter kippenbouillon

½ fles zoete wijn

1 lente-ui

2 wortels

1 teentje knoflook

1 eetlepel bloem

olijfolie

Zout en peper

DETAIL

Breng de kip op smaak met olie in een verwarmde pan en bak deze in stukjes. Afhalen en reserveren.

Fruit fijngehakte uien, knoflook en wortels in dezelfde olie. Als de groenten goed gaar zijn, voeg je de bloem toe en kook je nog een minuut.

Week in zoete wijn en laat rijzen tot de hitte bijna volledig is verdwenen. Bevochtig met bouillon en voeg opnieuw kip en pruimen toe.

Bak ongeveer 15 minuten of tot de kip gaar is. Haal de kip eruit en meng deze door de saus. Laten we zout toevoegen.

BEDRIEGEN

Voeg een beetje koude boter toe aan de grondsaus, die dikker wordt en glinstert met een garde.

Kipfilet met sinaasappelpistache

INHOUD

4 kipfilets

75 g cashewnoten

2 glazen vers sinaasappelsap

4 eetlepels honing

2 eetlepels Cointreau

Roem

olijfolie

Zout en peper

DETAIL

Kruid de borst en bebloem deze. Bak, verwijder en zet opzij.

Kook sinaasappelsap met Cointreau en honing gedurende 5 minuten. Voeg de borsten toe aan de saus en kook op laag vuur gedurende 8 minuten.

Serveer met salsa en pinda's er bovenop.

BEDRIEGEN

Een andere manier om een goede sinaasappelsaus te maken is door te beginnen met niet te donkere snoepjes en daar natuurlijk sinaasappelsap aan toe te voegen.

ZORRELWORTEL

INHOUD

4 patrijzen

300 gram ui

200 g wortelen

2 glazen witte wijn

1 kop knoflook

1 laurierblad

1 glas azijn

1 glas water, een maatlepel olie

zout en 10 zwarte peper

DETAIL

Kruid de patrijzen en rooster ze op hoog vuur. Verwijderen en reserveren.

Bak in dezelfde olie de gesneden wortels en uien. Als de groenten zacht zijn, voeg je de wijn, azijn, peper, zout, knoflook en laurier toe. Bak gedurende 10 minuten.

Leg de patrijs terug en laat nog 10 minuten op laag vuur koken.

BEDRIEGEN

Gemarineerd vlees of vis moet minimaal 24 uur staan om ze lekkerder te maken.

JACHT KIP

INHOUD

1 gehakte kip

50 g gesneden champignons

½ liter kippenbouillon

1 glas witte wijn

4 geraspte tomaten

2 wortels

2 teentjes knoflook

1 luitenant

½ ui

1 bosje geurige kruiden (tijm, rozemarijn, laurier...)

olijfolie

Zout en peper

DETAIL

Kruid de kip en bak deze in een hete pan met een scheutje olie. Afhalen en reserveren.

Fruit de in blokjes gesneden wortel, knoflook, prei en ui in dezelfde olie. Voeg vervolgens geraspte tomaat toe. Bak tot de tomaten hun sap verliezen. Leg de kip terug.

Bak de champignons apart en voeg ze toe aan de pan. Neem een bad met een glas wijn en laat het tot rust komen.

Geniet van de bouillon en voeg aromatische kruiden toe. Kook tot de kip gaar is. Laten we zout toevoegen.

BEDRIEGEN

Dit gerecht kan ook worden bereid met kalkoen of zelfs konijn.

COCA Cola STIJL KIPPENVLEUGELS

INHOUD

1 kg kippenvleugels

½ liter cola

4 eetlepels bruine suiker

2 eetlepels sojasaus

1 eetlepel tijm

½ citroen

Zout en peper

DETAIL

Doe Coca-Cola, suiker, soja, tijm en sap van ½ citroen in een pan en kook gedurende 2 minuten.

Snijd de vleugels doormidden en zout ze. Bak ze op 160 °C tot ze licht gekleurd zijn. Voeg intussen de helft van de saus toe en draai de vleugels om. Draai ze elke 20 minuten.

Wanneer de saus dikker wordt, voeg je de andere helft toe en blijf bakken tot de saus dikker wordt.

BEDRIEGEN

De toevoeging van een snufje vanille tijdens de bereiding van de saus versterkt de smaak en geeft hem een uniek tintje.

KIP MET KNOFLOOK

INHOUD

1 gehakte kip

8 teentjes knoflook

1 glas witte wijn

1 eetlepel bloem

1 rode paprika

Azijn

olijfolie

Zout en peper

DETAIL

Kruid de kip en bak goed. Reserveer en laat de olie afkoelen.

Snijd de knoflook in blokjes en bak (niet bakken) de knoflook en de pepers voordat ze bruin worden.

Week het in wijn en laat het indikken tot een bepaalde dikte, maar droog het niet.

Voeg vervolgens geleidelijk het kippenvlees en een lepel bloem toe. Meng (zorg ervoor dat de knoflook aan de kip blijft plakken; zo niet, voeg dan nog wat bloem toe tot het blijft plakken).

Dek af en roer af en toe. Kook op laag vuur gedurende 20 minuten. Giet er een beetje azijn bij en kook nog een minuut.

BEDRIEGEN

Gebraden kip is belangrijk. Het moet op een zeer hoge temperatuur worden gekookt om het goudbruin van buiten en sappig van binnen te houden.

KIP

INHOUD

1 kleine kip, gehakt

350 g gehakte serranoham

1 doos met 800 g geplette tomaten

1 grote rode paprika

1 grote groene paprika

1 grote ui

2 teentjes knoflook

Oregano

1 glas witte of rode wijn

suiker

olijfolie

Zout en peper

DETAIL

Kruid de kip en braad hem op hoog vuur. Afhalen en reserveren.

Fruit de paprika, knoflook en middelgrote ui in dezelfde olie. Als de groenten mooi geroosterd zijn, voeg je de ham toe en kook je nog eens 10 minuten.

Leg de kip terug en was hem met wijn. Laat 5 minuten op hoog vuur sudderen en voeg de tomaten en tijm toe. Zet het vuur lager en kook nog eens 30 minuten. Pas het zout en de suiker aan.

BEDRIEGEN

Hetzelfde recept kan worden gebruikt om gehaktballen te maken. Er blijft niets op het bord achter!

Kwartels en RODE VRUCHTEN

INHOUD

4 kwartels

150 g rood fruit

1 glas azijn

2 glazen witte wijn

1 wortel

1 luitenant

1 teentje knoflook

1 laurierblad

Roem

1 glas water, een maatlepel olie

Zout en peper

DETAIL

Kwartels worden met bloem bestoven, gekruid en gebakken in een pan. Afhalen en reserveren.

Bak de in blokjes gesneden wortelen en prei en de gehakte knoflook in dezelfde olie. Als de groenten zacht zijn, voeg je de olie, azijn en wijn toe.

Voeg laurierblad en peper toe. Voeg zout toe en kook samen met de rode vruchten gedurende 10 minuten.

Voeg de kwartels toe en kook nog 10 minuten tot ze gaar zijn. Blijf weg van de hitte.

BEDRIEGEN

Samen met het kwartelvlees vormt deze marinade een uitstekende saus en past goed bij een goede salade.

KIP MET CITROEN

INHOUD

1 kip

30 g suiker

25 gram boter

1 liter kippenbouillon

1 dl witte wijn

sap van 3 citroenen

1 ui

1 luitenant

olijfolie

Zout en peper

DETAIL

Snijd de kip en breng op smaak. Bak op hoog vuur en verwijder.

Pel de ui, maak de prei schoon en snijd hem in juliennereepjes. Bak de groenten in de olie waarin de kip gebakken is. Dompel de wijn onder en laat verdampen.

Voeg citroensap, suiker en water toe. Laat 5 minuten koken en doe de kip terug. Kook nog eens 30 minuten op laag vuur. Breng op smaak met zout en peper.

BEDRIEGEN

Je kunt het beste pureren, zodat de saus dunner is en er geen stukjes groenten achterblijven.

RAUWE SERRANO, CASAR CAKE EN KIP ROCKET SAN JACOBO

INHOUD

8 dunne kipfilets

150 g Casar-cake

100 g rucola

4 plakjes serranoham

Meel, eieren en vlokken (voor de topping)

olijfolie

Zout en peper

DETAIL

Kruid de kipfilets en bestrijk ze met kaas. Leg de rucola en de serranoham op de ene en plaats de andere erbovenop om af te dekken. Doe hetzelfde met de anderen.

We rollen het in bloem, roerei en gehakte vlokken. Bak in ruim hete olie gedurende 3 minuten.

BEDRIEGEN

Het kan worden gegarneerd met gemalen popcorn, popcorn en zelfs wormen. Het resultaat is hilarisch.

GEKOOKTE KIPCURRY

INHOUD

4 kippendijen (per persoon)

1 liter room

1 lente-ui of ui

2 eetlepels kerrie

4 natuurlijke yoghurts

zout

DETAIL

Snijd de ui in kleine stukjes en meng deze met yoghurt, room en curry in een kom. Zout seizoen.

De kip wordt in dunne plakjes gesneden en 24 uur gemarineerd in yoghurtsaus.

Bak gedurende 90 minuten op 180°C, verwijder de kip en serveer met opgeklopte saus.

BEDRIEGEN

Als je saus over hebt, kun je daar heerlijke gehaktballetjes van maken.

KIP IN RODE WIJN

INHOUD

1 gehakte kip

½ liter rode wijn

1 takje rozemarijn

1 takje tijm

2 teentjes knoflook

2 preien

1 rode paprika

1 wortel

1 ui

Kippensoep

Roem

olijfolie

Zout en peper

DETAIL

Kruid de kip en bak deze in een zeer hete pan. Afhalen en reserveren.

Snijd de groenten in kleine stukjes en bak ze in dezelfde olie waarin we de kip hebben gebakken.

Giet de wijn erbij, voeg de kruiden toe en laat ongeveer 10 minuten op hoog vuur koken tot het water is opgenomen. Voeg de kip toe en dompel hem onder in voldoende bouillon om onder te staan. Bak nog eens 20 minuten of tot het vlees gaar is.

BEDRIEGEN

Als je een dunnere saus zonder stukjes wilt, meng de saus en zeef.

GEROOSTERDE KIP MET ZWART BIER

INHOUD

4 kippenpoten

750 ml donker bier

1 eetlepel komijn

1 takje tijm

1 takje rozemarijn

2 uien

3 teentjes knoflook

1 wortel

Zout en peper

DETAIL

Julienne ui, wortel en knoflook. Leg de tijm en rozemarijn op de bodem van de ovenschaal, en de ui, wortels en knoflook erop; kruid vervolgens de kippendijen met het vel naar beneden met een snufje komijn. Bak ongeveer 45 minuten op 175°C.

Week ze na 30 minuten in bier, draai ze om en kook nog eens 45 minuten. Wanneer de kippen gaar zijn, haalt u ze uit de bakplaat en mengt u ze door de saus.

BEDRIEGEN

De smaak is nog lekkerder als je 2 appelschijfjes in het midden van het braadstuk legt en deze met de overgebleven saus pureert.

chocolade patrijs

INHOUD

4 patrijzen

½ liter kippenbouillon

½ glas rode wijn

1 takje rozemarijn

1 takje tijm

1 lente-ui

1 wortel

1 teentje knoflook

1 geraspte tomaat

Chocolade

olijfolie

Zout en peper

DETAIL

Kruid de patrijzen en bak ze. Reserveren.

Fruit de wortels, knoflook en fijngesneden lente-ui in dezelfde olie op matig vuur. Verhoog het vuur en voeg de tomaten toe. Kook tot het water verdwijnt. Dompel de wijn onder en laat deze bijna volledig verdampen.

Week met bouillon en voeg kruiden toe. Kook op laag vuur tot de patrijzen zacht worden. Laten we zout toevoegen. Haal van het vuur en voeg chocolade naar smaak toe. Verzamel jezelf.

BEDRIEGEN

Om het gerecht pittiger te maken kun je cayennepeper toevoegen en als je het gerecht knapperiger wilt, kun je geroosterde hazelnoten of amandelen toevoegen.

Turkiye GEBAKKEN MET ROOD FRUIT

INHOUD

4 kalkoenpoten

250 g rood fruit

½ liter mousserende wijn

1 takje tijm

1 takje rozemarijn

3 teentjes knoflook

2 preien

1 wortel

olijfolie

Zout en peper

DETAIL

Maak de prei, wortels en knoflook schoon en rooster ze in julienne. Leg deze groenten op een bakplaat met de tijm, rozemarijn en rode bessen.

Schik de stukken kalkoen, besprenkeld met olie, met het vel naar beneden. Bak gedurende 1 uur op 175°C.

Neem na 30 minuten een bad met cava. Draai het vlees om en braad nog eens 45 minuten. Als de tijd om is, haal je het uit de lade. Meng de saus, zeef en voeg zout toe.

BEDRIEGEN

De kalkoen is klaar als de poot en de dij er gemakkelijk uit komen.

GEROOSTERDE KIP MET PERZIKSAUS

INHOUD

4 kippenpoten

½ liter witte wijn

1 takje tijm

1 takje rozemarijn

3 teentjes knoflook

2 perziken

2 uien

1 wortel

olijfolie

Zout en peper

DETAIL

Julienne ui, wortel en knoflook. Schil de perziken, halveer ze en verwijder de pit.

Leg de tijm en rozemarijn samen met de wortel, ui en knoflook op de bodem van de ovenschaal. Bedek de laatste kwartjes met de velkant naar beneden, besprenkel met een druppel olie en bak ongeveer 45 minuten op 175°C.

Na 30 minuten bedekken met witte wijn, keren en nog eens 45 minuten roosteren. Wanneer de kippen gaar zijn, haalt u ze uit de bakplaat en mengt u ze door de saus.

BEDRIEGEN

Appels of peren kunnen aan het braadstuk worden toegevoegd. De saus zal heerlijk smaken.

Kipfilet met spinazie en mozzarella

INHOUD

8 dunne kipfilets

200 g verse spinazie

150 gram mozzarella

8 basilicumblaadjes

1 theelepel gemalen komijn

Meel, eieren en paneermeel (voor paneren)

olijfolie

Zout en peper

DETAIL

Kruid de borst aan beide kanten. Strooi de spinazie, geraspte kaas en gehakte basilicum erover en bedek met de tweede filet. Zeef de bloem, het losgeklopte ei en het broodkruim en het komijnmengsel.

Bak een paar minuten aan elke kant en verwijder overtollige olie op absorberend papier.

BEDRIEGEN

Een goed bijgerecht is een goede tomatensaus. Je kunt dit gerecht bereiden met kalkoen of zelfs verse filet.

GEBRADEN KIP MET JAVA

INHOUD

4 kippenpoten

1 fles mousserende wijn

1 takje tijm

1 takje rozemarijn

3 teentjes knoflook

2 uien

olijfolie

Zout en peper

DETAIL

Snijd de ui en knoflook in juliennereepjes. Leg de tijm en de rozemarijn op de bodem van de braadpan en leg de ui, de knoflook en vervolgens de gekruide dijen met de velkant naar beneden. Bak ongeveer 45 minuten op 175°C.

Was ze na 30 minuten met cava, draai ze om en bak nog eens 45 minuten. Wanneer de kippen gaar zijn, haalt u ze uit de bakplaat en mengt u ze door de saus.

BEDRIEGEN

Een andere versie van hetzelfde recept is om het te maken met Lambrusco of zoete wijn.

Kipspiesjes met pindasaus

INHOUD

600 g kipfilet

150 g pinda's

500 ml kippenbouillon

200 ml room

3 eetlepels sojasaus

3 eetlepels honing

1 eetlepel kerrie

1 fijngehakte cayennepeper

1 eetlepel citroensap

olijfolie

Zout en peper

DETAIL

Hak de pinda's heel fijn tot ze een pasta worden. Meng citroensap, bouillon, soja, honing, kerrie, zout en peper in een kom. Snijd de borst in stukjes en laat deze een nacht marineren in dit mengsel.

Haal de kippen eruit en rijg ze aan spiesjes. Kook het vorige mengsel samen met de room op laag vuur gedurende 10 minuten.

Bak de spiesjes in een pan op matig vuur en serveer met de saus.

BEDRIEGEN

Je kunt ze maken met kippendijen. Maar in plaats van ze in een pan te bakken, rooster ze in de oven met saus.

PEPER KIP

INHOUD

1 ½ kg kip

250 gram ui

50 g geroosterde amandelen

25 g geroosterd brood

½ liter kippenbouillon

¼ liter goede wijn

2 teentjes knoflook

2 laurierblaadjes

2 gekookte eieren

1 eetlepel bloem

14 strengen saffraan

150 g olijfolie

Zout en peper

DETAIL

Snijd het in blokjes gesneden kippenvlees in stukken en breng het op smaak. Bruin en reserve.

Snijd de ui en knoflook in kleine stukjes en bak ze in dezelfde olie als de kip. Voeg de bloem toe en bak op laag vuur gedurende 5 minuten. Dompel de wijn onder en laat verdampen.

Bedek met zoute bouillon en kook nog eens 15 minuten. Voeg vervolgens de kippen toe die je gereserveerd hebt met de laurierblaadjes en kook tot de kippen gaar zijn.

Bak de saffraan apart en voeg deze samen met het geroosterde broodkruim, de amandelen en de eierdooier toe aan de vijzel. Pureer het tot een pasta en voeg het toe aan de kipstoofpot. Kook nog 5 minuten.

BEDRIEGEN

Er is geen betere aanvulling op dit recept dan een goede rijstpilaf. Het kan worden geserveerd met gehakt eiwit en wat fijngehakte peterselie erbovenop.

KIP MET SINAASAPPEL

INHOUD

1 kip

25 gram boter

1 liter kippenbouillon

1 dl roséwijn

2 eetlepels honing

1 takje tijm

2 wortels

2 sinaasappels

2 preien

olijfolie

Zout en peper

DETAIL

Kruid het kipgehakt en bak het in olijfolie op hoog vuur. Verwijderen en reserveren.

Schil de wortels en prei, maak ze schoon en snijd ze in juliennereepjes. Kook de kip in dezelfde olie waarin hij gebakken is. Week in de wijn en kook op hoog vuur tot het ingedikt is.

Voeg sinaasappelsap, honing en water toe. Laat 5 minuten koken en voeg de stukken kip opnieuw toe. Kook gedurende 30 minuten op laag vuur. Voeg koude boter toe en breng op smaak met peper en zout.

BEDRIEGEN

Je kunt een handvol noten weglaten en na het koken toevoegen aan de stoofpot.

OPLOSSING KIP GARANTIE

INHOUD

1 kip

200 g serranoham

200 g donuts

50 gram boter

600 ml kippenbouillon

1 glas witte wijn

1 takje tijm

1 teentje knoflook

1 wortel

1 ui

1 tomaat

olijfolie

Zout en peper

DETAIL

Snijd de kip, breng hem op smaak en bak hem in boter en besprenkelde olie. Verwijderen en reserveren.

Fruit in dezelfde olie de gesnipperde ui, wortel en knoflook samen met de hamblokjes. Verhoog het vuur en voeg het gesneden broodje toe. Kook 2 minuten, voeg de geraspte tomaat toe en kook tot deze zijn sap volledig verliest.

Voeg de stukken kip opnieuw toe en was ze met wijn. Laat inkoken tot de saus bijna droog is. Week met bouillon en voeg tijm toe. Laat op laag vuur 25 minuten sudderen, of tot de kip gaar is. Laten we zout toevoegen.

BEDRIEGEN

Gebruik seizoens- of gedroogde paddenstoelen.

Gebakken kip met pinda's en soja

INHOUD

3 kipfilets

70 g rozijnen

30 g amandelen

30 g cashewnoten

30 g walnoten

30 g hazelnoten

1 kopje kippenbouillon

3 eetlepels sojasaus

2 teentjes knoflook

1 rode paprika

1 citroen

Gember

olijfolie

Zout en peper

DETAIL

Snijd de borst in stukken, breng hem op smaak met peper en zout en bak hem in een pan op hoog vuur. Verwijderen en reserveren.

Bak in deze olie de walnoten met geraspte knoflook, een stukje geraspte gember, chilipeper en citroenschil.

Voeg rozijnen, gereserveerde kipfilet en soja toe. Laat 1 minuut inkoken en spoel af met bouillon. Laat nog 6 minuten op middelhoog vuur koken en voeg indien nodig zout toe.

BEDRIEGEN

Zout is vrijwel niet nodig, omdat het vrijwel volledig uit sojabonen wordt gewonnen.

CHOCOLADEKIP MET GEBRADEN AMANDELEN

INHOUD

1 kip

60 g geraspte pure chocolade

1 glas rode wijn

1 takje tijm

1 takje rozemarijn

1 laurierblad

2 wortels

2 teentjes knoflook

1 ui

Kippenbouillon (of water)

geroosterde amandelen

extra vergine olijfolie

Zout en peper

DETAIL

Snijd het kippenvlees, breng het op smaak en bak het in een pan. Verwijderen en reserveren.

Fruit de fijngesneden ui, wortel en knoflook in dezelfde olie op laag vuur.

Voeg laurier, tijm en takjes rozemarijn toe. Voeg wijn en water toe en kook op laag vuur gedurende 40 minuten. Breng op smaak met zout en verwijder de kip.

Doe de saus in een blender en doe het terug in de pot. Voeg de kip en chocolade toe en roer tot de chocolade smelt. Kook nog 5 minuten om de smaken te laten trekken.

BEDRIEGEN

Werk af met geroosterde amandelen erbovenop. De toevoeging van cayennepeper of cayennepeper zorgt voor een pittige smaak.

LAM GEPANTSCHAP MET PEPER EN VISMOSTERD

INHOUD

350 g lamsvlees

2 eetlepels azijn

1 eetlepel paprikapoeder

1 eetlepel mosterd

1 afgestreken lepel suiker

1 bakje kerstomaatjes

1 groene paprika

1 rode paprika

1 kleine lente-ui

1 ui

5 eetlepels olijfolie

Zout en peper

DETAIL

Maak de groenten schoon, behalve de lente-uitjes, en snijd ze in middelgrote vierkanten. Snijd het lamsvlees in blokjes van dezelfde grootte. Spiesjes worden samengesteld door een stuk vlees en een stuk groente af te wisselen. Seizoen. Bak beide kanten gedurende 1 à 2 minuten in een zeer hete pan met een beetje olie.

Meng in een aparte kom mosterd, chilipeper, suiker, olie, azijn en fijngesneden ui. Breng op smaak met zout en emulgeer.

Serveer de vers bereide spiesjes met een beetje paprikasaus.

BEDRIEGEN

Je kunt ook 1 eetlepel kerriepoeder en wat citroenschil aan de saladedressing toevoegen.

HAVENVLEESVULLING

INHOUD

1 kg kalfsvinnen (open van boek tot vulling)

350 g gemalen varkensvlees

1 kg wortelen

1 kg ui

100 g pijnboompitten

1 klein blikje piquillo-pepers

1 doos zwarte olijven

1 pakje spek

1 kop knoflook

2 laurierblaadjes

een portier

Vleeswater

olijfolie

Zout en peper

DETAIL

Kruid de vin aan beide kanten. Strooi het varkensvlees, de pijnboompitten, de gehakte paprika, de in vieren gesneden olijven en de reepjes spek erover. Rol het op en doe het in een net of bind het vast met een draad. Op zeer hoog vuur bakken, eruit halen en bewaren.

Snijd de wortel, ui en knoflook in sliertjes en bak deze in dezelfde olie waarin het kalfsvlees gebakken is. Installeer de vinnen opnieuw. Baad in een beetje bouillon en bouillon tot alles bedekt is. Voeg 8 korrels zwarte peper en een laurierblad toe. Kook gedurende 40 minuten op laag vuur met gesloten deksel. Draai het elke 10 minuten. Als het vlees gaar is, verwijder dan de saus en roer.

BEDRIEGEN

Je kunt de port vervangen door een andere wijn of champagne.

MADRID VLEESBALLEN

INHOUD

1 kg rundergehakt

500 g varkensgehakt

500 g rijpe tomaten

150 gram ui

100 gram champignons

1 liter bouillon (of water)

2 dl witte wijn

2 eetlepels verse peterselie

2 eetlepels paneermeel

1 eetlepel bloem

3 teentjes knoflook

2 wortels

1 laurierblad

1 ei

suiker

olijfolie

Zout en peper

DETAIL

Bestrooi de twee vleessoorten met gehakte peterselie, 2 fijngehakte teentjes knoflook, paneermeel, ei, zout en peper. Vorm balletjes en bak ze in een pan. Afhalen en reserveren.

Fruit in dezelfde olie de ui met de rest van de knoflook, voeg de bloem toe en bak. Voeg de tomaten toe en laat nog 5 minuten koken. Bedek met wijn en kook nog eens 10 minuten. Giet de soep erbij en kook nog 5 minuten. Maal het zout en de suiker en strijk het glad. Kook de gehaktballetjes in de lauriersaus gedurende 10 minuten.

Wortelen en champignons worden afzonderlijk schoongemaakt, geschild en gehakt. Bak 2 minuten in een beetje olie en voeg toe aan de gehaktballetjes.

BEDRIEGEN

Voeg 150 g gehakt vers Iberisch spek toe om het pasteitjesmengsel smakelijker te maken. Bij het maken van de balletjes kun je ze beter niet te veel aandrukken, zodat ze sappiger worden.

Rundvleeschocoladewang

INHOUD

8 kalfswangetjes

½ liter rode wijn

6 ons chocolade

2 teentjes knoflook

2 tomaten

2 preien

1 stengel bleekselderij

1 wortel

1 ui

1 takje rozemarijn

1 takje tijm

Roem

Soep (of water)

olijfolie

Zout en peper

DETAIL

Kruid en bak de wangen in een zeer hete pan. Afhalen en reserveren.

Snijd de groenten fijn en bak ze in dezelfde pan waarin we de jukbeenderen hebben geroosterd.

Als de groenten zacht zijn, voeg je de geraspte kerstomaatjes toe en kook tot het water is opgenomen. Voeg wijn en aromatische kruiden toe en laat 5 minuten staan. Voeg de wangen en de bouillon toe tot ze net onderstaan.

Kook tot de wangen zacht zijn, voeg chocolade naar smaak toe, meng en breng op smaak met peper en zout.

BEDRIEGEN

De saus kan worden gepureerd of met hele stukjes groen worden bewaard.

GECONFITEERDE VARKENSVLEESTAARTJE GEASPIREERD MET ZOETE WIJNSAUS

INHOUD

½ gemalen varkensvlees

1 glas zoete wijn

2 takjes rozemarijn

2 takjes tijm

4 teentjes knoflook

1 kleine wortel

1 kleine ui

1 tomaat

Lichte olijfolie

laurierzout

DETAIL

Schik de borst op een schaal en bestrooi aan beide kanten met zout. Voeg geperste knoflook en kruiden toe. Bestrijk met olie en bak gedurende 5 uur op 100 °C. Laat het vervolgens afkoelen en verwijder het bot en verwijder het vruchtvlees en de schil.

Plaats bakpapier op een bakplaat. Verdeel de borst en plaats de huid van de borst erop (deze moet minimaal 2 vingers hoog zijn). Plaats nog een stuk bakpapier, plaats er een gewicht op en zet in de koelkast.

Maak ondertussen de dikke soep klaar. Snijd de botten en groenten in middelgrote stukken. Rooster de botten op 185°C gedurende 35 minuten, voeg de zijgroenten toe en rooster nog eens 25 minuten. Haal uit de oven en dompel in de wijn. Doe alles in een pan en bedek met koud water. Kook gedurende 2 uur op zeer laag vuur. Zeef en zet terug op het vuur tot het iets dikker is. Ontvetter.

Snijd de taart in porties en bak deze in een hete pan tot de schil knapperig wordt. Bak gedurende 3 minuten op 180°C.

BEDRIEGEN

Het is bewerkelijker dan een zwaar gerecht, maar het resultaat is prachtig. De enige truc om te voorkomen dat het na verloop van tijd bederft, is door de saus aan één kant van het vlees te serveren, en niet er bovenop.

MET HET KONIJNENBAAN

INHOUD

1 grondkonijn

80 g amandelen

1 liter kippenbouillon

400 ml afvallen

200 ml room

1 takje rozemarijn

1 takje tijm

2 uien

2 teentjes knoflook

1 wortel

10 saffraandraadjes

Zout en peper

DETAIL

Snijd het konijn in stukken, breng het op smaak en bak het. Verwijderen en reserveren.

Fruit de fijngesneden wortel, ui en knoflook in dezelfde olie. Voeg de saffraan en amandelen toe en kook 1 minuut.

Verhoog het vuur en maak een bad met afvallen. Zet het konijn weer op het vuur en bedruip het met de bouillon. Voeg takjes tijm en rozemarijn toe.

Kook ongeveer 30 minuten tot het konijn gaar is en voeg de room toe. Kook nog 5 minuten en pas het zout aan.

BEDRIEGEN

Flambear verbrandt de alcohol van de ziel. Zorg ervoor dat het deksel tijdens dit proces gesloten is.

PEPITORIA gehaktballetjes in pindasaus

INHOUD

750 g gehakt

750 g varkensgehakt

250 gram ui

60 g hazelnoten

25 g geroosterd brood

½ liter kippenbouillon

¼ liter witte wijn

10 saffraandraadjes

2 eetlepels verse peterselie

2 eetlepels paneermeel

4 teentjes knoflook

2 gekookte eieren

1 vers ei

2 laurierblaadjes

150 g olijfolie

Zout en peper

DETAIL

Meng in een kom het vlees, de gehakte peterselie, de gehakte knoflook, het paneermeel, het ei, het zout en de peper. Voeg bloem toe en bak bruin in een pan op middelhoog vuur. Verwijderen en reserveren.

Fruit in dezelfde olie de ui en de andere 2 in blokjes gesneden teentjes knoflook. Dompel de wijn onder en laat verdampen. Bedek met soep en kook gedurende 15 minuten. Voeg de gehaktballetjes toe aan de saus met laurierblaadjes en kook nog eens 15 minuten.

Bak de saffraan apart en stamp samen met geroosterd broodkruim, walnoten en eigeel in een vijzel tot een gladde pasta. Voeg toe aan de pan en kook nog eens 5 minuten.

BEDRIEGEN

Serveer met een beetje gehakt eiwit en een beetje peterselie erbovenop.

RUNDVLEESSCALLOPINA MET ZWART BIER

INHOUD

4 rundvleesfilets

125 g shiitake-paddenstoelen

1/3 liter donker bier

1 dl soep

1 dl room

1 wortel

1 lente-ui

1 tomaat

1 takje tijm

1 takje rozemarijn

Roem

olijfolie

Zout en peper

DETAIL

Kruid de filets en bebloem ze. In een pan met een beetje olie lichtjes bruin bakken. Afhalen en reserveren.

Fruit de in blokjes gesneden ui en wortel in dezelfde olie. Eenmaal gekookt, voeg je de geraspte kerstomaatjes toe en kook tot de saus bijna droog is.

Overgiet met bier, laat 5 minuten op matig vuur staan zodat de alcohol verdampt en voeg de soep, kruiden en filets toe. Bak gedurende 15 minuten of tot ze zacht zijn.

Bak de champignonfilets apart op hoog vuur en voeg ze toe aan de stoofpot. Laten we zout toevoegen.

BEDRIEGEN

De filets mogen niet te gaar zijn, anders worden ze te taai.

Rondleidingen door MADRID

INHOUD

1 kg schone pens

2 varkensdravers

25 g bloem

1 dl azijn

2 eetlepels peper

2 laurierblaadjes

2 uien (1 met puntige uiteinden)

1 kop knoflook

1 peperoni

2 dl olijfolie

20 gram zout

DETAIL

Kook de pens- en varkensdravers in een pan met koud water. Kook gedurende 5 minuten nadat het begint te koken.

Giet af en vul opnieuw met schoon water. Voeg gesneden ui, cayennepeper, teentje knoflook en laurier toe. Voeg indien nodig een beetje water toe om het geheel af te dekken en kook op laag vuur gedurende 4 uur of tot de schenkels en de pens gaar zijn.

Als de pens klaar is, verwijder je de gesnipperde ui, het laurierblad en de chilipeper. We verwijderen ook de dijen, verwijderen de botten en snijden in stukken ter grootte van de pens. Zet terug in de pot.

Bak de tweede bruine gesnipperde ui apart, voeg paprika en 1 eetlepel bloem toe. Voeg na het koken toe aan de soep. Kook gedurende 5 minuten, voeg zout toe en voeg indien nodig dikte toe.

BEDRIEGEN

Dit recept krijgt meer smaak als het een dag of twee van tevoren wordt gemaakt. Je kunt ook gekookte kikkererwten toevoegen en een voortreffelijk groentegerecht krijgen.

GEBRADEN VARKEN MET APPELEN EN MUNT

INHOUD

800 g verse varkensfilet

500 g appels

60 g suiker

1 glas witte wijn

1 glas cognac

10 muntblaadjes

1 laurierblad

1 grote ui

1 wortel

olijfolie

Zout en peper

DETAIL

Kruid de gehaktballetjes en bak ze op hoog vuur. Verwijderen en reserveren.

Fruit de schoongemaakte en fijngesneden uien en wortels in deze olie. Schil de appels en verwijder het klokhuis.

Doe alles in een ovenschaal, spoel af met alcohol en voeg een laurierblad toe. Bak gedurende 90 minuten op 185°C.

Verwijder de appels en de selderij en pureer ze met suiker en munt. Giet het kookvocht over de zarebrnica en de saus en serveer met appelcompote.

BEDRIEGEN

Voeg tijdens het koken een beetje water toe aan de pan, zodat de doek niet uitdroogt.

Kippengehaktballetjes met frambozensaus

INHOUD

voor gehaktballen

1 kg in blokjes gesneden kippenvlees

1 dl melk

2 eetlepels paneermeel

2 eieren

1 teentje knoflook

sherrywijn

Roem

gehakte peterselie

olijfolie

Zout en peper

Voor de frambozensaus

200 g frambozenjam

½ liter kippenbouillon

1 ½ dl witte wijn

½ dl sojasaus

1 tomaat

2 wortels

1 teentje knoflook

1 ui

zout

DETAIL

voor gehaktballen

Meng het vlees met kruimels, melk, eieren, fijngehakte knoflook, peterselie en een beetje wijn. Breng op smaak met peper en zout en laat 15 minuten rusten.

Vorm balletjes van het mengsel en rol ze door de bloem. Bak ze in olie en zorg ervoor dat ze van binnen een beetje rauw zijn. Reserveer de olie.

Voor zoetzure frambozensaus

Schil de ui, knoflook en wortels en snijd ze in blokjes. Bak de pasteitjes in dezelfde olie goudbruin. Breng op smaak met een snufje zout. Voeg in blokjes gesneden pelaat- of pitloze tomaten toe en kook tot het water verdampt.

Week in de wijn en kook tot de helft is ingekookt. Voeg sojasaus en bouillon toe en kook nog eens 20 minuten tot de saus dikker wordt. Voeg jam en gehaktballetjes toe en kook nog eens 10 minuten.

BEDRIEGEN

Frambozenjam kan worden vervangen door rode bessen en zelfs jam.

LAMSSTOOFPOT

INHOUD

1 lamsbout

1 groot glas rode wijn

½ kopje geplette tomaten (of 2 geraspte tomaten)

1 eetlepel zoete paprika

2 grote aardappelen

1 groene paprika

1 rode paprika

1 ui

Soep (of water)

olijfolie

Zout en peper

DETAIL

Hak de poot fijn, breng hem op smaak en bak hem in een multikoker. Afhalen en reserveren.

Fruit de in blokjes gesneden ui en paprika in dezelfde olie. Als de groenten goed geroosterd zijn, voeg je een lepel chili en tomaten toe. Blijf op hoog vuur koken totdat de tomaten hun sap verliezen. Voeg vervolgens het lamsvlees opnieuw toe.

Dompel de wijn onder en laat verdampen. Giet over de soep.

Als het lamsvlees gaar is, voeg je de cheddar toe (ongesneden) en kook tot de aardappelen gaar zijn. Breng op smaak met zout en peper.

BEDRIEGEN

Voor een nog lekkerdere saus bak je 4 piquillo-pepers en 1 teentje knoflook apart. Meng met een beetje garnalenbouillon en voeg toe aan de stoofpot.

KONIJNMOS

INHOUD

1 konijn

250 gram champignons

250 g wortelen

250 gram ui

100 gram spek

¼ liter rode wijn

3 eetlepels tomatensaus

2 teentjes knoflook

2 takjes tijm

2 laurierblaadjes

Soep (of water)

olijfolie

Zout en peper

DETAIL

Snijd het konijn in plakjes en laat het 24 uur zacht worden in kleine stukjes wortel, gehakte knoflook en ui, wijn, 1 takje tijm en 1 laurierblad. Filter na de verstreken tijd de wijn aan de ene kant en de groenten aan de andere kant.

Kruid het konijn, braad het op hoog vuur en verwijder het. Kook de groenten in dezelfde olie op middelhoog vuur. Tomatensaus toevoegen en 3 minuten meebakken. Zet het konijntje terug. Giet de wijn en de bouillon erbij tot het vlees onderstaat. Voeg nog een takje tijm en nog een laurierblad toe. Kook tot het konijn gaar is.

Bak ondertussen het gehakte spek en de in vieren gesneden champignons bruin en voeg ze toe aan de stoofpot. Scheid de konijnenlever apart in een vijzel en voeg dit toe. Laat nog 10 minuten koken en breng op smaak met peper en zout.

BEDRIEGEN

Dit gerecht kan bij elk wildgerecht worden bereid en kan het beste de dag ervoor worden bereid.

KONIJN MET PIPERRADO

INHOUD

1 konijn

2 grote tomaten

2 uien

1 groene paprika

1 teentje knoflook

suiker

olijfolie

Zout en peper

DETAIL

Snijd het konijn in stukken, breng het op smaak en bak het in een pan. Verwijderen en reserveren.

Snijd de ui, paprika en knoflook fijn en bak ze in de olie waarin het konijn op laag vuur is geroosterd gedurende 15 minuten.

Voeg de in blokjes gesneden brunoise tomaten toe en kook op matig vuur tot het sap volledig verloren is. Pas zout en suiker indien nodig aan.

Voeg het konijn toe, zet het vuur lager en laat 15 tot 20 minuten onder het deksel sudderen, af en toe roeren.

BEDRIEGEN

Aan de piperradi kunnen courgette of aubergine worden toegevoegd.

KAAS KIPPENVLEESBALLEN MET KERRYSAUS

INHOUD

500 g gemalen kip

150 g kaas in stukjes

100 g paneermeel

200 ml room

1 kopje kippenbouillon

2 eetlepels kerrie

½ eetlepel paneermeel

30 rozijnen

1 groene paprika

1 wortel

1 ui

1 ei

1 citroen

Melk

Roem

olijfolie

zout

DETAIL

Kruid de kip en meng het paneermeel, het ei, 1 eetlepel kerrie en het met melk doordrenkte paneermeel erdoor. Vorm balletjes, vul ze met een blokje kaas en bloem. Bak en zet opzij.

Fruit de gesnipperde ui, paprika en wortel in dezelfde olie. Voeg de citroenschil toe en kook een paar minuten. Voeg nog een eetlepel curry, rozijnen en kippenbouillon toe. Wanneer het begint te koken, voeg je de room toe en laat je het 20 minuten koken. Laten we zout toevoegen.

BEDRIEGEN

De ideale begeleider van deze gehaktballetjes zijn champignons, in vieren gesneden en in kleine stukjes gesneden, gebakken met een paar teentjes knoflook en weggespoeld met een goede port of Pedro Ximénez-wijn.

VARKENSWARENWANG IN RODE WIJN

INHOUD

12 varkenswangetjes

½ liter rode wijn

2 teentjes knoflook

2 preien

1 rode paprika

1 wortel

1 ui

Roem

Soep (of water)

olijfolie

Zout en peper

DETAIL

Kruid en bak de wangen in een zeer hete pan. Afhalen en reserveren.

Snijd de bronoisegroenten in stukken en bak ze in dezelfde olie waarin het varkensvlees werd geroosterd. Als het goed kookt, dompel het in de wijn en laat het 5 minuten afkoelen. Voeg de wangen en de bouillon toe om te coaten.

Kook tot de wangen zacht zijn en voeg indien gewenst saus toe zodat er geen stukjes groen meer over zijn.

BEDRIEGEN

Varkenswangetjes hebben veel minder tijd nodig om te koken dan runderwangetjes. Een andere smaak kun je bereiken door op het einde van de saus een vleugje chocolade toe te voegen.

COCHIFRITO NAVARRE

INHOUD

2 lamsgehaktpoten

50 gram vet

1 theelepel rode peper

1 eetlepel azijn

2 teentjes knoflook

1 ui

olijfolie

Zout en peper

DETAIL

Snijd de lamsbout in stukjes. Kruid en bak in een pan op hoog vuur. Afhalen en reserveren.

Fruit de fijngesneden ui en knoflook in dezelfde olie op laag vuur gedurende 8 minuten. Voeg chili toe en bak nog 5 seconden. Voeg het lamsvlees toe en bedek met water.

Kook tot de saus is ingedikt en het vlees gaar is. Bevochtig met azijn en kook.

BEDRIEGEN

De initiële gaarheid is belangrijk omdat het voorkomt dat de sappen ontsnappen. Het zorgt bovendien voor een knapperige toets en versterkt de smaken.

Stoofpotje van rundvlees met pindasaus

INHOUD

750 g gehakt

250 g pinda's

2 liter bouillon

1 kopje crème

½ glas grappa

2 eetlepels tomatensaus

1 takje tijm

1 takje rozemarijn

4 aardappelen

2 wortels

1 ui

1 teentje knoflook

olijfolie

Zout en peper

DETAIL

Snijd de stengel, breng op smaak en bak op hoog vuur. Afhalen en reserveren.

Fruit de in blokjes gesneden ui, knoflook en wortels in dezelfde olie op laag vuur. Verhoog het vuur en voeg de tomatensaus toe. Laten we het verminderen totdat al het water verloren is. Bestrooi met cognac en laat de alcohol verdampen. Voeg het vlees opnieuw toe.

Pureer de pinda's goed met de soep en doe ze samen met de kruiden in de pan. Kook op laag vuur tot het vlees bijna gaar is.

Voeg vervolgens de geschilde en vierkante aardappelen en de room toe. Kook gedurende 10 minuten en breng op smaak met zout en peper. Laat 15 minuten rusten voordat u het serveert.

BEDRIEGEN

Bij dit vleesgerecht kan rijstpilaf worden geserveerd (zie het gedeelte Rijst en pasta).

GEROOSTERDE VLOKKEN

INHOUD

1 zuignap

2 eetlepels tomatenpuree

zout

DETAIL

Bedek de oren en staart met aluminiumfolie om te voorkomen dat ze verbranden.

Plaats 2 houten lepels op de bakplaat en plaats de baby met de voorkant naar boven zodat deze de bodem van de bakplaat niet raakt. Giet 2 eetlepels water en kook gedurende 2 uur op 180 graden.

Los het zout op in 4 dl water en beschilder de binnenkant van de big iedere 10 minuten. Draai het dan om en ga door met schilderen met water en zout tot de tijd om is.

Smelt de boter en kleur de huid. Verwarm de oven tot 200°C en bak nog eens 30 minuten of tot het vel goudbruin en krokant is.

BEDRIEGEN

Zorg ervoor dat het water niet op uw huid komt; hierdoor verliest het zijn knapperigheid. De saus wordt op de bodem van de schaal geserveerd.

GEROOSTERDE KIJN MET KOOL

INHOUD

4 gewrichten

½ kool

3 teentjes knoflook

olijfolie

Zout en peper

DETAIL

Giet kokend water over de gewrichten en kook gedurende 2 uur of tot ze helemaal zacht zijn.

Haal uit het water en kook op 220°C met een scheutje olie goudbruin. Seizoen.

Snijd de kool in dunne reepjes. Kook gedurende 15 minuten in ruim kokend water. Ik ben aan het lossen.

Fruit ondertussen de gehakte knoflook in een beetje olie, voeg de kool toe en bak deze. Breng op smaak met peper en zout en serveer met gebakken taarten.

BEDRIEGEN

Nokle kan ook in een zeer hete pan gebakken worden. Bak ze aan alle kanten goed.

DE KONIJNENJAGER

INHOUD

1 konijn

300 gram champignons

2 kopjes kippenbouillon

1 glas witte wijn

1 takje verse tijm

1 laurierblad

2 teentjes knoflook

1 ui

1 tomaat

olijfolie

Zout en peper

DETAIL

Snijd het konijn in stukken, breng op smaak en bruin op hoog vuur. Afhalen en reserveren.

Fruit de fijngesneden ui en knoflook in dezelfde olie op laag vuur gedurende 5 minuten. Verhoog het vuur en voeg de geraspte tomaat toe. Kook tot het water op is.

Voeg het konijn opnieuw toe en bedek met wijn. Laat het inkoken en de saus is bijna droog. Dompel het in de bouillon en laat het met de kruiden 25 minuten sudderen, of tot het vlees gaar is.

Bak ondertussen de schoongemaakte en gemorste champignons 2 minuten in een hete pan. Breng op smaak met zout en voeg toe aan de pan. Laat nog 2 minuten koken en voeg indien nodig zout toe.

BEDRIEGEN

Je kunt hetzelfde recept ook maken met kip of kalkoen.

MADRILEÑA RUNDVLEES

INHOUD

4 rundvleesfilets

1 eetlepel verse peterselie

2 teentjes knoflook

Meel, eieren en paneermeel (voor paneren)

olijfolie

Zout en peper

DETAIL

Snijd de peterselie en knoflook fijn. Doe ze samen in een kom en voeg het broodkruim toe. Verzamel jezelf.

Kruid de filets met peper en zout en meng er een mengsel van bloem, losgeklopt ei en paneermeel, knoflook en peterselie door.

Druk het deeg goed aan met je handen, zodat het goed blijft plakken en bak het in ruim hete olie gedurende 15 seconden.

BEDRIEGEN

Plet de filets met een hamer om de vezels los te maken en het vlees zachter te maken.

PADDESTOEL KONIJN GARANTIE

INHOUD

1 konijn

250 g seizoenschampignons

50 gram vet

200 gram spek

45 g amandelen

600 ml kippenbouillon

1 glas sherry

1 wortel

1 tomaat

1 ui

1 teentje knoflook

1 takje tijm

Zout en peper

DETAIL

Snijd het konijn in stukken en breng op smaak. Bak het spek, in stokjes gesneden, op hoog vuur in de boter bruin. Afhalen en reserveren.

Fruit de fijngesneden ui, wortel en knoflook in dezelfde olie. Voeg gesneden champignons toe en kook gedurende 2 minuten. Voeg de geraspte tomaat toe en kook tot hij zijn sap verliest.

Voeg het konijn en het spek opnieuw toe en bedek met wijn. Laat het inkoken en de saus is bijna droog. Week met bouillon en voeg tijm toe. Laat het op laag vuur 25 minuten sudderen, of tot het konijn gaar is. Bestrooi met amandelen en zout.

BEDRIEGEN

Je kunt gedroogde shiitake-paddenstoelen gebruiken. Ze zorgen voor veel smaak en aroma.

VARKENSRIBBEN MET WITTE WIJN EN HONING

INHOUD

1 Iberische varkensribbetjes

1 glas witte wijn

2 eetlepels honing

1 eetlepel zoete paprika

1 eetlepel gehakte rozemarijn

1 eetlepel gehakte tijm

1 teentje knoflook

olijfolie

Zout en peper

DETAIL

Doe de kruiden, geraspte knoflook, honing en zout in een kom. Voeg een half glas olie toe en meng. Bestrijk de ribben met dit mengsel.

Bak gedurende 30 minuten op 200°C met de vleeskant naar beneden. Draai om, blus af met wijn en laat nog 30 minuten koken, of tot de ribben bruin en gaar zijn.

BEDRIEGEN

Het beste is om het rundvlees een dag van tevoren te marineren, zodat de smaken beter in de ribben kunnen trekken.

GALLEGO-ROUTES

INHOUD

250 g witte bonen

500 g schoongemaakte bietendressing

500 gram morcia

100 gram ham

100 g olie

1 ruggengraat

3 aardappelen

1 worst

1 bloedworst

zout

DETAIL

Week de bonen vooraf 12 uur in koud water.

Doe alle ingrediënten behalve aardappelen en rapen in een pan en kook in 2 liter koud, ongezouten water.

Kook in een andere pan de rapen in kokend gezouten water gedurende 15 minuten.

Als de bonen bijna klaar zijn, voeg je de aardappelen toe aan het cacaopoeder en breng je op smaak met zout. Gooi de verwarming weg. Laat het een paar seconden op het vuur staan en zet het op tafel met de gesneden vleesdelen.

BEDRIEGEN

Onderbreek tijdens de bereiding het koken 3 keer met koud water of ijs, zodat de bonen zachter worden en hun vel niet verliezen.

LONESA-LENS

INHOUD

500 g linzen

700 gram ui

200 gram boter

1 takje peterselie

1 takje tijm

1 laurierblad

1 kleine ui

1 wortel

6 kruidnagels

zout

DETAIL

Fruit de in blaadjes gesneden ui op laag vuur in boter. Dek af en kook tot het bruin is.

Voeg linzen, kruidnagels gevuld met hele kleine uien, gehakte wortels en kruiden toe. Bedek met koud water.

Giet af en kook op laag vuur tot de peulvruchten zacht worden. Laten we zout toevoegen.

BEDRIEGEN

Het is belangrijk om op een hoge temperatuur te beginnen met koken en over te schakelen naar een gemiddelde temperatuur, zodat ze niet blijven plakken.

CURY APPELLINZEN

INHOUD

300 g linzen

8 eetlepels room

1 eetlepel kerrie

1 gouden appel

1 takje tijm

1 takje peterselie

1 laurierblad

2 uien

1 teentje knoflook

3 kruidnagels

4 eetlepels olie

Zout en peper

DETAIL

Kook de linzen met 1 ui, knoflook, laurier, tijm, peterselie, kruidnagel, zout en peper gedurende 1 uur in koud water.

Bak apart de tweede ui met de appel in olie. Voeg de kerrie toe en meng.

Voeg de linzen toe aan de appelstoofpot en kook nog 5 minuten. Voeg room toe en meng goed.

BEDRIEGEN

Als de linzen overblijven, kun je ze bestrijken met room en de garnalen ernaast bakken.

POCHAS IN NAVARRA

INHOUD

400 gram bonen

1 eetlepel peper

5 teentjes knoflook

1 Italiaanse groene paprika

1 rode paprika

1 schone prei

1 wortel

1 ui

1 grote tomaat

olijfolie

zout

DETAIL

Maak de bonen goed schoon. Bedek de pan met water, samen met de paprika's, uien, prei, tomaten en wortels. Bak ongeveer 35 minuten.

Giet de groenten af en hak ze fijn. Voeg ze vervolgens weer toe aan de pan.

Snijd de knoflook fijn en bak deze in een beetje olie. Haal van het vuur en voeg paprika toe. Rehome 5 is inbegrepen in witte bonen. Laten we zout toevoegen.

BEDRIEGEN

Omdat het verse peulvruchten zijn, is de kooktijd veel korter.

LENS

INHOUD

500 g linzen

1 eetlepel peper

1 grote wortel

1 middelgrote ui

1 grote paprika

2 teentjes knoflook

1 grote aardappel

1 snufje ham

1 worst

1 bloedworst

Spek

1 laurierblad

zout

DETAIL

Bak de fijngesneden bleekselderij tot deze iets zachter wordt. Voeg de chilipeper toe en bedek met anderhalve liter water (je kunt ook groentesoepen of soepen gebruiken). Voeg de linzen, het vlees, het uiteinde van de ham en het laurierblad toe.

Haal de chorizo en bloedworst eruit en bewaar ze als ze zacht zijn, zodat ze niet uit elkaar vallen. Ga door met koken totdat de linzen gaar zijn.

Voeg de in blokjes gesneden aardappelen toe en kook nog 5 minuten. Voeg een snufje zout toe.

BEDRIEGEN

Voeg tijdens het koken van de linzen 1 kaneelstokje toe voor een andere smaak.

kabeljauw

INHOUD

Kabeljauw zonder zout in kruimels 100 g

100 g lente-ui

1 eetlepel verse peterselie

1 flesje vers bier

kleurstof

Roem

olijfolie

Zout en peper

DETAIL

Doe de kabeljauw, de sjalot en de fijngehakte peterselie, het bier, een beetje kleurstof, zout en peper in een kom.

Meng en voeg de bloem toe, één eetlepel per keer, onder voortdurend roeren, tot je een enigszins dikke, papperige consistentie hebt (geen druppels). Zet 20 minuten in de koelkast.

Bak in veel olie, schep het mengsel erover. Als ze goudbruin worden, verwijder ze dan en plaats ze op absorberend papier.

BEDRIEGEN

Als er geen bier is, kan het ook met frisdrank worden gemaakt.

DURADO COD

INHOUD

400 g gezouten en gemalen kabeljauw

6 eieren

4 middelgrote aardappelen

1 ui

verse peterselie

olijfolie

zout

DETAIL

Schil de aardappelen en snijd ze in reepjes. Was ze grondig tot het water helder is en bak ze vervolgens in voldoende hete olie. Zout seizoen.

Kook de in bladeren gesneden ui. Verhoog het vuur, voeg de gehakte kabeljauw toe en kook tot de vloeistof is verdwenen.

Klop de eieren in een aparte kom, voeg kabeljauw, aardappelen en uien toe. Pureer lichtjes in de pan. Breng op smaak met zout en voeg gehakte verse peterselie toe.

BEDRIEGEN

Het heeft een beetje stremmen nodig om het sappig te maken. Zout de aardappelen niet tot het einde, zodat ze hun knapperigheid niet verliezen.

BASK KRAB

INHOUD

1 krabspin

500 gram tomaten

75 g serranoham

50 g vers paneermeel (of kruimels)

25 gram boter

1 glas en een half cognac

1 eetlepel peterselie

1/8 ui

½ teentje knoflook

Zout en peper

DETAIL

Kook spinkrab (1 minuut per 100 g) in 2 l water met 140 g zout. Koel af en verwijder het vlees.

Ham in dunne juliennereepjes gesneden wordt samen met fijngehakte uien en knoflook gekookt. Voeg de geraspte tomaat en gehakte peterselie toe en kook tot een droge pasta ontstaat.

Voeg het spinvlees toe, bedek met cognac en flambeer. Voeg de helft van de kruimels van het vuur toe en vul de spinkrab.

Strooi de resterende kruimels erover en verdeel de gesneden boter erover. Bak in de oven tot ze goudbruin zijn.

BEDRIEGEN

Je kunt hem ook maken met goede Iberische chorizo en afwerken met gerookte kaas.

VERMIJD IN AZIJN

INHOUD

12 ansjovis

300 cl wijnazijn

1 teentje knoflook

gehakte peterselie

extra vergine olijfolie

1 theelepel zout

DETAIL

Schik de schoongemaakte ansjovis met azijn verdund in water en zout op een plat bord. Laat 5 uur in de koelkast staan.

Fruit ondertussen de fijngehakte knoflook en peterselie in olie.

Haal de ansjovis uit de azijn en bestrijk ze met olie en knoflook. Zet het weer 2 uur in de koelkast.

BEDRIEGEN

Was de ansjovis meerdere keren totdat het water helder blijft.

MERK COD

INHOUD

¾ kg kabeljauw zonder zout

1 dl melk

2 teentjes knoflook

3 dl olijfolie

zout

DETAIL

Verhit de olie met de knoflook in een kleine pan op middelhoog vuur gedurende 5 minuten. Voeg de kabeljauw toe en kook nog 5 minuten op zeer laag vuur.

Verwarm de melk en giet deze in de blenderkan. Voeg kabeljauw en knoflook zonder vel toe. Klop tot je een fijn beslag krijgt.

Voeg olie toe zonder te stoppen met kloppen totdat je een uniform deeg krijgt. Breng op smaak met zout en bak op maximaal vermogen.

BEDRIEGEN

Het kan op toast worden gegeten en over aioli worden uitgesmeerd.

ADOBO-POEDER (BIENMESABE)

INHOUD

500 g haai

1 glas azijn

1 eetlepel gemalen komijn

1 eetlepel zoete paprika

1 eetlepel tijm

4 laurierblaadjes

5 teentjes knoflook

Roem

olijfolie

zout

DETAIL

Doe de haaien die je eerder hebt gesneden in een diepe kom en maak ze schoon.

Voeg een handvol zout en een theelepel paprikapoeder, komijn en tijm toe.

Pers de knoflook met de schil en doe deze in de kom. We voegen ook een laurierblad toe. Voeg ten slotte nog een glas azijn en nog een glas water toe. Laat een nacht rusten.

Droog de stukjes haai in bloem en bak ze.

BEDRIEGEN

Als de komijn vers gemalen is, voeg dan slechts ¼ afgestreken eetlepel toe. Het kan worden bereid met andere vissen, zoals kastanje of zeeduivel.

SINAASAPPEL EN TONIJN augurken

INHOUD

800 g tonijn (of verse bonito)

70 ml azijn

140 ml wijn

1 wortel

1 luitenant

1 teentje knoflook

1 sinaasappel

½ citroen

1 laurierblad

70 ml olie

Zout en peper

DETAIL

Snijd de wortel, prei en knoflook fijn en laat ze drogen in een beetje olie. Als de groenten zacht zijn, week je ze in azijn en wijn.

Voeg laurierblad en peper toe. Breng op smaak met zout en kook nog eens 10 minuten. Voeg de schil en het sap van de citrusvruchten toe en de tonijn, in 4 delen gesneden. Kook nog 2 minuten, haal van het vuur en laat rusten.

BEDRIEGEN

Volg dezelfde stappen om een heerlijke kipmarinade te maken. Voordat u de kip aan de gemarineerde stoofpot toevoegt, bak en kook nog eens 15 minuten.

GARNALEN WATERDICHT

INHOUD

500 g garnalen

100 g bloem

½ dl koud bier

kleurstof

olijfolie

zout

DETAIL

Pel de garnalen zonder de staart te verwijderen.

Meng de bloem, wat kleurstof en zout in een kom. Voeg geleidelijk bier toe zonder te stoppen met roeren.

Pak de garnalen bij de staarten, doop ze in het vorige mengsel en bak ze. Haal ze uit de oven als ze goudbruin zijn en bewaar ze op absorberend papier.

BEDRIEGEN

Je kunt 1 theelepel kerrie of paprika aan de bloem toevoegen.

Tonijn met basilicum

INHOUD

125 g tonijn uit blik in olie

½ liter melk

4 eieren

1 sneetje gesneden brood

1 eetlepel geraspte Parmezaanse kaas

4 blaadjes verse basilicum

Roem

olijfolie

Zout en peper

DETAIL

Meng de tonijn met melk, eieren, gesneden brood, Parmezaanse kaas en basilicum. Zout en peper.

Plaats het deeg in aparte modellen die we eerder hebben ingevet met boter en bloem, en kook in warm water op 170°C gedurende 30 minuten.

BEDRIEGEN

Je kunt dit recept ook maken met mosselen uit blik of sardientjes.

EEN DE MINIER

INHOUD

6 zolen

250 gram boter

50 g citroensap

2 eetlepels fijngehakte peterselie

Roem

Zout en peper

DETAIL

Kruid en bebloem de koppen en de geschilde tongen. Bak beide kanten in gesmolten boter op matig vuur en zorg ervoor dat de bloem niet verbrandt.

Haal de vis eruit en doe het citroensap en de peterselie in de pan. Kook gedurende 3 minuten zonder te stoppen met roeren. Serveer de vis met de saus.

BEDRIEGEN

Voeg wat kappertjes toe om het recept een smakelijke twist te geven.

HOLLE ZALM RUG

INHOUD

2 zalmfilets

½ liter mousserende wijn

100 ml room

1 wortel

1 luitenant

olijfolie

Zout en peper

DETAIL

Kruid de zalm en bak hem aan beide kanten. Reserveren.

Snijd de wortel en prei in lange, dunne staafjes. Bak de groenten 2 minuten in dezelfde olie waarin de zalm gebakken is. Bevochtig met koffie en laat het halverwege inkoken.

Voeg de room toe, kook 5 minuten en voeg de zalm toe. Laat nog 3 minuten koken en breng op smaak met peper en zout.

BEDRIEGEN

Je kunt de zalm 12 minuten stomen en met deze saus eten.

Zeebaars PIQUILTOS BILBAN STIJL

INHOUD

4 oesters

1 eetlepel azijn

4 teentjes knoflook

Piquillo-peper

125 ml olijfolie

Zout en peper

DETAIL

Verwijder de zeebaarsfilets. Breng op smaak met peper en zout en bak in een pan op hoog vuur goudbruin aan de buitenkant en sappig aan de binnenkant. Afhalen en reserveren.

Snijd de knoflook fijn en bak deze in dezelfde olie als de vis. Bevochtig met azijn.

Bak de paprika in dezelfde pan.

Giet de saus over de zeebaarsfilets en serveer met paprika.

BEDRIEGEN

De Bilbao-saus kan van tevoren worden bereid; Dan hoef je het alleen nog maar op te warmen en te serveren.

Schelpen in een fles

INHOUD

1 kg mosselen

1 klein glas witte wijn

2 eetlepels azijn

1 kleine groene paprika

1 grote tomaat

1 kleine lente-ui

1 laurierblad

6 eetlepels olijfolie

zout

DETAIL

Maak de schelpen grondig schoon met een nieuwe vaatwasser.

Doe de mosselen in de pan met de wijn en het laurierblad. Kook op hoog vuur tot de deksels loskomen. Scheid een van de schelpen en gooi deze weg.

Snijd de tomaat, lente-ui en paprika fijn en bereid de saladedressing. Breng op smaak met azijn, olie en zout. Meng en giet over de mosselen.

BEDRIEGEN

Laat een nacht staan zodat de smaken zich kunnen ontwikkelen.

MARMITAKA

INHOUD

300 g tonijn (of bonito)

1 liter visbouillon

1 eetlepel chorizopeper

3 grote aardappelen

1 grote rode paprika

1 grote groene paprika

1 ui

olijfolie

Zout en peper

DETAIL

Bak de ui en paprika in vierkantjes gesneden. Voeg een lepel chorizopeper en geschilde en in plakjes gesneden aardappelen toe. Meng gedurende 5 minuten.

Maak de vis nat met water en als hij begint te koken, zout en peper. Kook op laag vuur tot de aardappelen net gaar zijn.

Zet het vuur uit en voeg de in blokjes gesneden en gekruide tonijn toe. Laat 10 minuten rusten alvorens te serveren.

BEDRIEGEN

Tonijn kan worden vervangen door zalm. Het resultaat is verrassend.

zeebaars in zout

INHOUD

1 baars

600 g grof zout

DETAIL

Sorteer en maak de vis schoon. Leg een zoutbedje op een bord, leg de zeebaars erop en bedek met het resterende zout.

Bak op 220°C tot het zout hard wordt en uit elkaar valt. Dit is ongeveer 7 minuten voor elke 100 gram vis.

BEDRIEGEN

Vis mag bij het koken in zout niet uit elkaar vallen, omdat de vlokken het vlees beschermen tegen hoge temperaturen. Je kunt het zout op smaak brengen met kruiden of eiwitten toevoegen.

GESTOKEN MOSSELS

INHOUD

1 kg mosselen

1 dl witte wijn

1 laurierblad

DETAIL

Maak de schelpen grondig schoon met een nieuwe vaatwasser.

Doe de mosselen, de wijn en het laurierblad in een hete pan. Kook op hoog vuur tot de deksels loskomen. Ongeopend weggooien.

BEDRIEGEN

Dit is een zeer populair gerecht in België en wordt geleverd met goede friet.

HEEK VAN GALICIË

INHOUD

4 plakjes heek

600 g aardappelen

1 theelepel rode peper

3 teentjes knoflook

1 middelgrote ui

1 laurierblad

6 eetlepels extra vergine olijfolie

Zout en peper

DETAIL

Verhit water in een pan; Voeg gesneden aardappelen, gesneden ui, zout en laurier toe. Kook op laag vuur gedurende 15 minuten tot alles zacht wordt.

Voeg de gekruide plakjes heek toe en kook nog 3 minuten. Giet de aardappelen en heek af en doe alles samen in een aardewerken schaal.

Fruit gesneden of gehakte knoflook in een pan; als ze goudbruin zijn, haal ze van het vuur. Voeg chili toe, meng en giet deze saus over de vis. Serveer snel met een beetje kookwater.

BEDRIEGEN

Het is belangrijk dat er net genoeg water is om de visplakken en aardappelen te bedekken.

HAK BASKETBAL

INHOUD

1 kg heek

100 g gekookte erwten

100 gram ui

100 g oesters

100 gram garnalen

1 dl visbouillon

2 eetlepels peterselie

2 teentjes knoflook

8 aspergetips

2 gekookte eieren

Roem

Zout en peper

DETAIL

Snijd de heek in plakjes of filets. Kruid en voeg bloem toe.

Fruit de fijngesneden ui en knoflook in een pan tot ze zacht zijn. Verhoog het vuur, voeg de vis toe en bak deze aan beide kanten lichtjes.

Voeg het gerookte vlees toe en laat 4 minuten sudderen, waarbij u de pan voortdurend beweegt, zodat de saus dikker wordt. Voeg gepelde garnalen, asperges, schoongemaakte oesters, erwten en eierkwarten toe. Laat nog een minuut koken en bestrooi met gehakte peterselie.

BEDRIEGEN

Zout de kip 20 minuten vóór het koken om het zout gelijkmatiger te verdelen.

www.ingramcontent.com/pod-product-compliance
Lightning Source LLC
Chambersburg PA
CBHW071858110526
44591CB00011B/1460